Amedeo Cencini

Abraçar
O FUTURO
com esperança

O amanhã da vida consagrada

Dados Internacionais de Catalogação na Publicação (CIP)
(Câmara Brasileira do Livro, SP, Brasil)

Cencini, Amedeo
    Abraçar o futuro com esperança : o amanhã da vida consagrada /
Amedeo Cencini ; [tradução Jaime A. Clasen]. – São Paulo : Paulinas,
2019. – (Coleção tendas)

    Título original: Abbracciare il futuro con speranza : il domani della
vita consacrata
    ISBN 978-85-356-4549-1

    1. Consagração 2. Esperança 3. Vida cristã 4. Vida religiosa I. Título.
II. Série.

19-28599   CDD-248.894

Índice para catálogo sistemático:

1. Vida consagrada religiosa : Cristianismo 248.894

Cibele Maria Dias - Bibliotecária - CRB-8/9427

Título original da obra: *Abbracciare il futuro con speranza*
Paoline Editoriale Libri
© Figlie di San Paolo, 2018 – Via Francesco Albani, 21 – 20149, Milano

1ª edição – 2019
1ª reimpressão – 2020

Direção-geral:	*Flávia Reginatto*
Editora responsável:	*Vera Ivanise Bombonatto*
Tradução:	*Jaime A. Clasen*
Copidesque:	*Ana Cecilia Mari*
Coordenação de revisão:	*Marina Mendonça*
Revisão:	*Sandra Sinzato*
Gerente de produção:	*Felício Calegaro Neto*
Capa e diagramação:	*Jéssica Diniz Souza*

Nenhuma parte desta obra poderá ser reproduzida ou transmitida
por qualquer forma e/ou quaisquer meios (eletrônico ou mecânico,
incluindo fotocópia e gravação) ou arquivada em qualquer sistema ou
banco de dados sem permissão escrita da Editora. Direitos reservados.

Paulinas
Rua Dona Inácia Uchoa, 62
04110-020 – São Paulo – SP (Brasil)
Tel.: (11) 2125-3500
http://www.paulinas.com.br – editora@paulinas.com.br
Telemarketing e SAC: 0800-7010081
© Pia Sociedade Filhas de São Paulo – São Paulo, 2019

A Pier Giordano Cabra,
mestre e companheiro de viagem
de tantos consagrados,
cantor e poeta da beleza da consagração.

Sumário

Apresentação 7

Prefácio 11

1. Entre passado, presente e futuro 13

2. Sentido de uma profecia 21

3. "Abraçar": sociedade pós-cristã ou pré-cristã? 37

4. "Abraçar o futuro": mistério ou enigma 57

5. "Abraçar o futuro com esperança": missionários
ou demissionários 77

6. O futuro já agora 95

Conclusão 117

Apresentação

Mais um livro sobre o futuro da vida consagrada?

O que fazer? É a pergunta que nos fazemos há cinquenta anos. Para a qual não faltaram as grandes palavras de resposta.

No início nos dedicamos à *renovação* indicada pelo Concílio, depois inventamos a *refundação*, depois procedemos ao *redimensionamento*.

Entrementes, chegou a *secularização* que trouxe consigo exigências de modernização junto com não pouco mundanismo. Não faltaram as análises e as receitas, algumas mais inspiradas nas ciências humanas, outras mais ligadas com a grande tradição espiritual. Tivemos também ótimos guias, tanto proféticos como sapienciais.

E agora, pelo menos aqui no Ocidente, sentimos a atualidade daquela *ars moriendi carismática*, que parecia apenas uma fórmula elegante relançada por um teólogo particularmente criativo.

O que fazer? Resta apenas aprender a arte de morrer? Certamente, mas carismaticamente. Isso quer dizer aceitar o eventual fim de uma experiência coletiva carismática, mas, ainda mais e antes de tudo, fazer morrer e morrer ao que impede o carisma de brilhar também no nosso tempo, o que é premissa e promessa de vida renovada, ou seja, de esperança. Trata-se de morrer àquilo que faz morrer, para viver daquilo que faz viver.

Padre Amedeo Cencini ajuda a preencher esta fórmula, que poderia ser tão fascinante quanto evanescente, com conteúdos tirados da sua experiência, longa e extensiva, onde o docente e o formador tiveram de se confrontar com as realidades mais contraditórias da vida consagrada.

Forte com esta experiência, longe de oferecer-nos um receituário, estimula-nos a refletir sobre *o que fazer* nos vários âmbitos vitais onde floresce ou fenece a vida consagrada, realidade eminentemente carismática, onde é necessário aceitar tanto a historicidade de um carisma como fazer a poda daquilo que se opõe ao carisma.

Mas, com delicadeza e caridade, com amor sensível a toda lágrima que aparece no ramo podado, porque o auge de todo carisma é a caridade. E a caridade nunca morre. Como nunca morre uma vida consagrada que se alimenta e vive no Amor.

É exatamente por isso que entre as páginas mais convincentes se encontram aquelas dedicadas à formação do coração, à centralidade do crescimento "de sentimentos do Filho", ao Amor com o qual se pode viver como filhos, na prosperidade e na fraqueza, tanto na saúde como na doença, na vida breve como na vida longa. E isso sem subtrair-se à viscosidade do real que, com todas as suas luzes e suas sombras, é sempre um tempo de salvação, um *kairós*, um tempo em que a esperança vence o medo.

E aqui não podemos evitar a alegria de dizer um grande "muito obrigado" ao caríssimo Padre Amedeo pela sua incansável, inovadora e apreciada contribuição interdisciplinar à reflexão sobre a vida consagrada, marcada pela criatividade e fidelidade.

Desejamos, e temos certeza, que o leitor, tendo chegado ao fim, compartilha o agradecimento a um autor que anima a caminhar à luz de uma não ilusória Esperança.

Padre Pier Giordano Cabra

Prefácio

O tema desta reflexão não tem necessidade particular de explicação; o título e o subtítulo já dizem com suficiente clareza o sujeito que reflete (= a vida consagrada), o problema sobre o qual reflete (= o seu futuro) e as alternativas diante dele (= medo ou esperança).

Enfrentarei a temática do modo mais propositivo possível.

De forma essencial e esquemática, indicarei num primeiro breve capítulo – e proporei no segundo, explicitando o que isso significa na prática – o significado de uma atitude profética com respeito à vida consagrada e ao seu futuro. Nos capítulos 3, 4 e 5 procurarei mostrar alguns caminhos praticáveis – três, para ser preciso – nos quais futuro é sobretudo qualidade da vida, mais do que quantidade dos seus dias. Se é verdade, como diz o Papa Francisco, que o tempo é superior ao espaço, a abertura ao futuro não se dá automaticamente, ou por um espontâneo cálculo aritmético dos dias que se sucedem um ao outro, mas só graças à qualidade da vida e do vivido. O capítulo final buscará assinalar algumas orientações pedagógicas que de modo concreto nos ajudem verdadeiramente a caminhar rumo ao futuro.

1 | ENTRE PASSADO, PRESENTE E FUTURO

Nunca, como nestes tempos, a vida consagrada se viu refletindo sobre os seus tempos, o seu modo de se colocar diante do passar do tempo, pondo-se a enfrentar interrogações e considerações que ainda não tinham aflorado, com tanta dramaticidade assim, na sua consciência:

> Teremos ainda futuro? Os nossos institutos sobreviverão a esta onda de secularismo dominante? Se esta tendência vocacional continuar, o problema não será se teremos futuro, mas, simplesmente, quanto tempo ainda temos de vida, e a preocupação será, então – no máximo –, a de morrer de maneira digna...

Por outro lado, como bem sabemos e como nos recorda a psicologia, a pessoa madura é exatamente aquela que sabe conjugar corretamente os seus tempos, aceitando realisticamente o passado, vivendo com empenho o presente e indo com confiança ao encontro do futuro, sem nostalgias nem fugas para adiante, sem repressões ou idealizações, além do medo e da depressão, das retiradas e das desmobilizações. É preciso, ainda, aprender a conjugar bem os tempos da nossa vida, da vida dos nossos institutos, da vida consagrada mesma. Ou buscar e encontrar o vínculo entre o que fomos, o que somos e o que seremos.[1]

---

[1] Li num comentário bíblico que, quando no monte Deus revela o seu nome ("Eu sou aquele que é, que era e que será"), faz-se uma relação

Com uma advertência importante, porém. O problema verdadeiro e fundamental não é exatamente o da nossa sobrevivência (termo minimalista que já em si não é exaltante), mas, antes, aquele do nosso modo de olhar para o futuro. Não existe, aliás, um direito de nossas instituições à imortalidade; elas pertencem às realidades passageiras deste mundo, mesmo se anunciam as realidades definitivas do outro.

Em todo caso, queremos crer na estabilidade da vida consagrada em si mesma, pelo significado que tem nessa peregrinação no tempo, como imagem terrena dos bens futuros, bem como pela *via sanctitatis* desde sempre percorrida por ela e indicada pela Igreja e pelo *servitium caritatis* oferecido ao mundo, e nas várias formas que poderá assumir no tempo, mas sem atribuir a nós mesmos alguma patente ou direito de viver para sempre. O que hoje parece problemático, e até contraditório, é, antes, um certo modo de lamentar o passado que leva, automaticamente, a temer o futuro, contentando-nos com um presente sempre mais precário.

Vejamos com mais precisão.

Retrotopia: a nostalgia do passado

O estudioso polonês Z. Bauman, conhecido pelas reflexões sobre a sociedade líquida, na sua última obra

---

tríplice com o homem que toca passado, presente e futuro. Como algo (ou Alguém) que sana (o passado), estrutura (o presente), espera (o futuro).

descreve, de modo lúcido e pontual, o equívoco que a sociedade moderna está vivendo, ou seja, a *retrotopia*.[2] Trata-se de uma tendência, como uma "utopia retroativa", a olhar para o passado de modo romântico e mítico, como se fosse um passado de ouro e nunca estivesse totalmente morto e, portanto, buscando e querendo encontrar nele aquele estímulo motivacional que o homem não encontra mais no presente e no futuro. O problema é que, na realidade, esse olhar retrotópico não nos permite ir em frente, exatamente porque voltado para trás, comprometido numa comparação certamente perdedora e talvez com a ilusão de restabelecer um passado que não existe mais, mas que exerce uma notável atração em tempos de desorientação como os nossos. Um passado percebido como tempo estável e confiável não pode não atrair diante de um futuro demasiado incerto e espantoso, ou diretamente pouco confiável e incontrolável.

Não é difícil colher consequências e componentes dessa "postura" estranha e não natural diante da vida, uma espécie de torcicolo intelectual e psicológico, ou de marcha a ré diante do futuro. Que envolve o homem comum e a sociedade hodierna, mas também quem deveria ter uma concepção ordenada do tempo, como de algo que caminha para o cumprimento de um projeto, de modos não necessariamente conhecidos por nós e imediatamente visíveis, mas segundo uma inteligência que guarda e orienta o tempo com vistas a um plano. Um crente – como o consagrado – professa tudo isso e até o anuncia, mas poderia depois

---

[2] Cf. BAUMAN, Z. *Retrotopia*. Bari: Laterza, 2017 [trad. bras. por Renato Aguiar, Zahar, 2017].

não se aperceber de estar também ele condicionado por tal visão destorcida, sobretudo quando se trata de pensar, em tempos incertos como os atuais, no próprio futuro, o futuro da vida consagrada, do seu instituto, das obras nas quais se comprometeu por toda uma vida, da herança que recebeu dos outros e que agora deveria confiar não só a mãos seguras, mas a um futuro o mais possível seguro.

Em vez disso, o futuro, de hábitat natural de esperanças e expectativas legítimas, se transforma em sede de pesadelos que, mais ou menos discretamente, turbam e disturbam sonhos e expectativas da vida consagrada hoje: o pesadelo da carência das vocações ou da perda de certo espírito e da possiblidade de transmiti-lo às gerações jovens de chamados (que não há), o pesadelo da insignificância da sua presença e seu testemunho, o pesadelo desse verbo que figura sempre mais nas "ordens do dia" de tantos conselhos provinciais ou gerais: "fechar", fechar obras, atividades, serviços que marcaram a vida de tantos consagrados, contribuindo para dar um rosto não só à Igreja, mas também a Deus para tantas pessoas. É o pesadelo não tanto da possibilidade de desaparecer como comunidade e instituto, mas de que um certo sonho, que entusiasmou o coração e multiplicou as energias, hoje não atraia mais algum sonhador, se ainda os há... O caminho do futuro parece assemelhar-se sempre mais estranhamente a uma senda interrompida, enquanto a vida consagrada parece falar com os verbos muito mais no passado que no futuro.

Então, é evidente que o olhar retrotópico (que em si já soa estranho) não só não nos permite seguir em frente, mas está totalmente fora da realidade, porque nos bloqueia para essa idade de ouro – do ponto de vista dos números e de uma real eficiência operativa – que foi um certo passado, mas que agora seria ingênuo e anacrônico querer desenterrar, mesmo com toda a sedução que ele possa exercer, como possibilidade ilusória de fuga das angústias de um presente incerto e complexo.

Nós, ao contrário, somos chamados a viver *aqui e agora* com responsabilidade a nossa existência; comprometendo-nos *aqui e agora* para que o passado seja sem lamentos e o futuro sempre mais rico de promessas e de esperanças. "Este instante, todo instante, quando se torna o instante presente, é precioso e pede para abrir-se ao encontro: é precioso porque vai rumo a uma eternidade sem fim que lhe dá o sentido verdadeiro, cheio de vida".[3]

Profecia: a coragem do futuro

Em sentido completamente oposto, porém, vai uma palavra como aquela que agora citaremos, pronunciada por um insuspeito professor de teologia, em tempos muito difíceis de compreender e de viver, quando certa imagem de Igreja, teoricamente saída fortalecida e renovada do Concílio, começava a sofrer os pesados ataques de um clima social-ideológico muito polêmico em relação a ela, em nome de um secularismo que parecia pôr de novo tudo radicalmente em discussão, não só dentro da Igreja mesma (com

---

[3] MARTINI, C. M. *Le età della vita. Una guida dall'alba al tramonto dell'avventura umana*. Milano: Mondadori, 2010, p. 204.

notáveis efeitos também sobre a imagem da vida consagrada). Naquele tempo, parecia realmente difícil ter a coragem de olhar para o futuro e, mais ainda, ousar ser otimistas. Eis a palavra:

> Da crise hodierna emergirá uma Igreja que terá perdido muito. Ficará pequena e terá de partir mais ou menos do início. Não estará em condições de habitar os edifícios que ela mesma construiu em tempos de prosperidade. Com a diminuição dos seus fiéis, perderá também grande parte dos privilégios sociais. Será uma Igreja mais espiritual, que não se arrogará um mandato político, flertando ora com a esquerda, ora com a direita. Será pobre e se tornará a Igreja dos indigentes. Será um processo longo, mas, quando todo o tormento tiver passado, surgirá um grande poder de uma Igreja mais espiritual e simplificada. Àquela altura os homens descobrirão que habitam um mundo de indescritível solidão, e tendo perdido Deus de vista, perceberão o horror da sua pobreza. Então, e só então, verão aquele pequeno rebanho de crentes como algo totalmente novo: o descobrirão como uma esperança para si mesmos, a resposta que tinham sempre buscado em segredo.

Assim escrevia em 1968 um jovem teólogo que tinha participado do Concílio (na qualidade de perito) e que estava participando muito ativamente, naquele tempo, de reflexão fecunda, ainda que um pouco contrastada mas batalhadora, que tinha feito depois. Trata-se de Joseph Ratzinger, o futuro Bento XVI.[4]

---

[4] O texto citado é de uma entrevista a uma rádio alemã do teólogo J. Ratzinger, sobre o futuro da Igreja, que foi recuperada e publicada em espanhol pela revista de antropologia e cultura da Pontifícia Universidade Católica do Chile, *Humanitas* (http://www.humanitas.cl).

Abraçar o futuro com esperança

O texto é surpreendente pela lucidez e pelo rigor da análise, pela liberdade de perscrutar o futuro e por captar os sinais no presente (talvez nos faça intuir também o sentido profundo do gesto do Papa Ratzinger que renuncia). Sobretudo, porém, o que surpreende é a sua verdade. Hoje, depois de cerca de cinquenta anos desde quando foi expressa, devemos reconhecer que *essa profecia está de alguma maneira se verificando*. Sem dúvida na primeira parte, como dado histórico (negativo) que já está debaixo de nossos olhos, mas também quando indica uma perspectiva promissora para o futuro.

E não só para a Igreja, mas também para a vida consagrada, cuja vicissitude existencial podemos ler particularmente como o que aqui é dito da Igreja. Como não ver, de fato, nessa profecia, a parábola descendente/ascendente, uma espécie de morte e vida nova, segundo o esquema kénosis/exaltação tipicamente cristão, como chave de leitura ou profecia, para encontro da qual a Igreja está

O diretor da publicação, Jaime Antúnez, explicou, numa apresentação do n. 59 da revista, que se trata de uma reflexão desenvolvida em 1968 pelo jovem professor Ratzinger, então sacerdote e catedrático em Tubinga, com o título: "Sob qual aspecto se apresentará a Igreja no ano 2000?". São os anos turbulentos da contestação estudantil e extraordinários, com o desembarque na lua, mas também das disputas sobre o Concílio Vaticano II, concluído há pouco. Ratzinger tinha deixado a turbulenta universidade de Tubinga e se refugiara na mais serena Ratisbona. Como teólogo, encontrava-se isolado, depois de ter rompido com os amigos "progressistas" Küng, Schillebeeckx e Rahner sobre a interpretação do Concílio. E foi nesse período que se consolidaram para ele novas amizades com os teólogos Hans Urs von Balthasar e Henri de Lubac, com os quais dará vida à revista *Communio*.

caminhando, antes de tudo, e particularmente aquela do Papa Francisco, com aquelas forças vivas e grandemente significativas que a representam no mundo, como é exatamente a vida consagrada?

É necessário, então, aprofundar os traços essenciais dessa profecia e da evolução histórica nos dois tempos que ela prevê, e como ela pode ser aplicada também à vida consagrada.

2

SENTIDO DE UMA PROFECIA

Será – diz a profecia – uma Igreja ou uma vida consagrada redimensionada, com muito menos seguidores, obrigada a abandonar boa parte das suas obras e atividades até imponentes, realizadas nos séculos; ou a deixar edifícios construídos por ela mesma na época de expansão que parecia destinada a durar longo tempo. Será uma vida consagrada de minoria, aparentemente perdedora, sem voz em capítulo, socialmente irrelevante, talvez até menos importante na Igreja mesma, humilhada pelo fato de suscitar menos vocações e se tornar escassamente atraente, como se fosse coisa de outros tempos, obrigada a "partir de novo das origens" para justificar a sua presença, e incerta sobre o seu futuro.

Mas também uma vida consagrada – e esta é a profecia propriamente dita – que, através desse "enorme transtorno", reencontrará a si mesma e renascerá "mais espiritual e simplificada". De tal modo que os homens descobrirão a sua missão, algo que só a Igreja pode dar ao mundo, mas que também a vida consagrada pode dar à Igreja e ao mundo. "Então, e só então" – como diz Ratzinger –, "verão aquele pequeno rebanho de crentes como uma coisa totalmente nova: o descobrirão como uma esperança para si mesmos, a resposta que sempre tinham buscado em segredo".

Profecia esquecida e até ignorada, certamente não tomada no seu sentido clarividente e antecipador que, na primeira parte, está se cumprindo, poderia autorizar-nos a olhar o futuro com uma atitude diferente daquele olhar pessimista com o qual costumeiramente observamos gráficos e projeções e fazemos as nossas previsões certas e deprimentes.

E seria já uma vantagem não sem importância.

A profecia, porém, tampouco é essencialmente antecipação do futuro, talvez inédito e surpreendente, que se cumprirá apesar de tudo, porque dotado de uma força prodigiosa, mais forte que os nossos cálculos. Os profetas não revelam necessariamente o futuro, mas a verdade. Por isso a profecia é sempre também provocação, que nos convida a ler a história com um olhar de conjunto da história mesma, do passado e do presente, de certos núcleos seus essenciais e estratégicos. A profecia abre ao futuro, mas explica também o passado; é projetada sobre o amanhã, mas está fundamentada na memória. Exatamente graças a esse enraizamento no passado corretamente entendido e descoberto no seu sentido mais profundo, nos faz intuir a direção a imprimir ao futuro.

As duas fases

A análise da Igreja do passado é muito lúcida e linear em identificar um elemento negativo, um determinado *poder*, e um elemento positivo, a recuperação das *relações* com o mundo. Basicamente, o futuro pontífice vê uma

ABRAÇAR O FUTURO COM ESPERANÇA

comunidade crente que conquistou no tempo certo poder que a sobrecarregou e desorientou na sua missão, poder de cuja história os acontecimentos destas últimas décadas, a partir da segunda metade do século passado, libertaram--na progressivamente e a estão libertando. Ele fala, realmente, com coragem de poder a perder, de dimensões a reduzir, de privilégios a abandonar; até daquele símbolo de poder moderno que é a política, com a qual a Igreja entrou ambiguamente em contato ("flertando ora com a esquerda, ora com a direita") e que nada tem a ver com a sua missão evangelizadora. Para alguns – os que privilegiam o olhar retrotópico – isso significará um desafio, com lamentos, acusações e consequentes sentidos de culpa. Na realidade, marcará uma passagem providencial, que conduzirá a Igreja mesma a ser aquela que deve ser: pequena e pobre, Igreja "dos indigentes", de algum modo nova, "mais espiritual e simplificada" e, sobretudo, comunidade na qual os homens e as mulheres, habitantes de "um mundo de indescritível solidão", descobrirão "como uma esperança para si mesmos, a resposta que sempre buscaram em segredo" para aquela mesma solidão sua, a resposta da companhia, da relação, da solidariedade.

Em síntese, antes, uma Igreja com poder, relativamente poderosa, mas de relações ambíguas e escassas; depois, uma Igreja sem poder, pequena e pobre, mas que redescobrirá e fará redescobrir o seu verdadeiro rosto, aquele que quer oferecer resposta para a solidão do homem e para sua necessidade de relação.

Aqui me parece estar na sombra um princípio de notável valor, também para a vida consagrada.

Quando a autoridade se corrompe em poder

Trata-se de uma lei que podemos formular assim: *quando numa instituição a autoridade se deforma em poder, as relações (e as pessoas) se perdem ou são oprimidas, ou a relação se torna pobre e de baixa qualidade humana e evangélica; quando, ao contrário, se perde o poder, são recuperadas as relações e a capacidade de autêntico contato humano.*

Mais sinteticamente: quando a autoridade se corrompe em poder, a relação é a primeira a sofrer. Quando, ao contrário, falta o poder exterior, tomam maior valor as relações internas e externas, e ganha a vida relacional em geral; haverá maior autenticidade e transparência, para com todos e cada um. A autoridade, com efeito, serve para fazer as pessoas crescerem na liberdade e responsabilidade, é modalidade relacional que visa à consecução de um objetivo comum através da colaboração de todos; o poder, ao contrário, oprime e domina, cria conflitos e não respeita a liberdade. A autoridade é evangélica; o poder é diabólico, é o arremedo da autoridade.

Foi assim na história da Igreja e também na história da vida consagrada. Não pretendo agora supor que seja lei a longa evolução histórica de certa crise que nos levou ao momento atual, identificando a sua causa unicamente no problema do qual estamos agora falando. A crise é complexa e tem várias raízes, mas, sem dúvida, uma dessas – que

ABRAÇAR O FUTURO COM ESPERANÇA

certamente não é a última – é o que nos é indicado pela luminosa intuição de Ratzinger, que observa a Igreja de um ponto de vista que podemos adotar também para a vida consagrada.

Também esta, de fato, teve poder ou foi tentada pelo poder: pelas suas efetivas dimensões numéricas e pela sua visibilidade, pela imponência das suas obras e pelo seu significado social, pelo seu impacto na comunidade crente e pelas suas competências reconhecidas; também pelo seu poder econômico e financeiro com relevantes possibilidades de influir na vida social e eclesial. Quando historicamente se cedeu à tentação do poder, então a relação interpessoal com o mundo em geral e também com a Igreja, mas também dentro da vida consagrada mesma, perdeu significado e importância e caiu em qualidade.

Perda da relação

Podemos considerar essa perda nos dois sentidos mencionados: para o exterior e para o interior da vida consagrada mesma.

Com a Igreja e com o mundo

Uma primeira perda relacional parece nascer de uma implícita pretensão de autossuficiência, verdadeiro pecado original de certa vida consagrada do passado, que levou progressivamente a vida religiosa a fechar-se em si mesma, buscando e encontrando no seu mundo tudo o que fosse necessário para uma vida de perfeição e para a salvação, e estabelecendo com o mundo e com a Igreja uma relação não propriamente evangélica e coerente com a sua missão. Exatamente dessa autorreferencialidade, a seu modo ligada com uma sensação de poder, nasceu o modelo da famosa *fuga mundi*, em que "mundo" é lugar de contaminação da sua pretensão de perfeição (e até a Igreja, às vezes, é percebida como tal). Por outro lado, correu-se o risco de viver a relação – sempre com a Igreja e com o mundo – de modos ambíguos: por exemplo, com certa ênfase nas *obras (próprias)*, amiúde particularmente imponentes na sua visibilidade, com atenção muito mais aos resultados do que à qualidade da prestação, à eficiência acima da eficácia, aos números mais do que à substância do anúncio. E talvez exatamente essa ênfase sobre as obras não tenha contribuído para criar um clima de colaboração com os outros agentes sociais e eclesiais, antes, às vezes, tenha favorecido exatamente um clima contrário, *quase de rivalidade* ou *de confronto*.

De novo, certa vida consagrada, mesmo com fervoroso espírito apostólico, correu o risco de uma relação vivida em termos redutivos, apenas *caritativo-assistenciais*, como se se tratasse apenas da comida a dar ao faminto ou do serviço material a prestar, com escassa atenção ao dom espiritual a compartir. E, às vezes, o contrário: ou uma vida consagrada que visa apenas ao aspecto espiritual e não se envolve quase nada nos problemas concretos das pessoas nem sabe compartilhar com coração compassivo as dificuldades da vida. De qualquer modo, em ambos os casos se percebe o mesmo estilo ou a mesma modalidade *unidirecional*, aquela que impõe a relação (e a ajuda) um pouco do alto, como se a vida consagrada tivesse apenas a ensinar, dar e dizer, e

ABRAÇAR O FUTURO COM ESPERANÇA

nada a aprender, receber e escutar, sem perceber que esta é outra expressão de poder. Ou, ulterior ambiguidade, a relação foi interpretada em tempos não distantes como dúbias modalidades *seletivas e eletivas*, graças às quais eram privilegiadas relações prioritárias com categorias particulares, com o poder da vez –, talvez considerado benfeitor – com consequentes benefícios e vantagens, trocas recíprocas de favor,[1] enquanto outras categorias eram, de fato, menos consideradas, senão descartadas; e isso não exatamente segundo a lógica evangélica!

A essa altura era quase inevitável que a missão, também por causa dessas distorções, perdesse impulso e energia, tornando-se, no melhor dos casos, mais tarefa ou dever do que paixão do coração, ou mais operação de *proselitismo* do que compartilhamento de *Evangelii gaudium*, de uma bela e alegre notícia. Tudo marcado por certa mal escondida sensação de superioridade em relação a um mundo pecador, pelo qual o bom consagrado rezava, mas ficando a certa distância; às vezes até em relação a uma Igreja apressadamente julgada como demasiado mundana e menos fiel por quem se sentia lançado... para as alturas sublimes da perfeição.[2]

No fim, porém, quem sofreu de modo particular foi a relação interpessoal e a sua qualidade, humana e espiritual,

---

[1] Na profecia se fala, de fato, de uma Igreja que "flerta ora com a esquerda, ora com a direita" das várias tendências políticas.

[2] Lembremos que desde sempre a vida consagrada foi chamada caminho de perfeição (inclusive o cuidadoso e ótimo estudo, organizado por G. Pelliccia e G. Rocca, leva exatamente o título *Dizionario degli istituti di perfezione*, Milano, Paoline, 1974 sqq.).

sobretudo com o indivíduo, não só em geral com o mundo e a Igreja, e não apenas no exterior da vida consagrada, mas também no interior, como veremos a seguir.[3] Fato grave e que toca e desmente a identidade da vida consagrada, a qual – não esqueçamos – é existência *consagrada à relação*, com Deus e com os homens.

Dentro da comunidade

A autoridade – recordamos antes – nasce e está em função da relação e a faz crescer (também no seu sentido etimológico). Ao contrário, o poder, que é uma deformação da autoridade, é antirrelacional ou a-relacional: nasce do delírio de autorreferencialidade e cria narcisismo autossuficiente, como a história de tantos ditadores, do passado e do presente, na vida de muitos povos, nos conta, muito frequentemente com desfechos dramáticos. Ou como, talvez, também uma história nossa muito triste e recente, a dos abusos sexuais, *dentro* das nossas instituições religiosas, nos conta dramaticamente: histórias de consagrados, às vezes até de fundadores, de homens com autoridade, cujo delírio de poder os levou a essas condutas repugnantes, na qual a dignidade do outro é pisada e a relação destruída. E talvez, seria preciso dizer, tenha sido necessário tocar nesses desvios extremos para compreender a

---

[3] De qualquer modo, é um princípio geral: quando a comunidade religiosa não vive bem a sua missão *ad extra*, ou não é bastante extrovertida, é fatal que as relações no seu interior sejam carregadas de importância excessiva, ou que as pequenas problemáticas domésticas se tornem motivo de contraste insanável. Com desperdício imoderado de energias que poderiam encontrar um uso mais digno.

ABRAÇAR O FUTURO COM ESPERANÇA

situação de contradição, de pobreza relacional, na qual nos encontrávamos.

Talvez, porém, quem sabe todos tenham compreendido, na Igreja e na vida consagrada, a gravidade e o significado desses acontecimentos, que vão além da transgressão de poucos e são responsabilidade de *todos*; que não são apenas fraqueza sexual de quem está no poder, mas consequência de um poder enlouquecido que *todos* ou a maioria tornaram, de vários modos, possível sofrendo-o sem reagir (mas também tirando vantagens mais ou menos inconscientemente). Esses acontecimentos não são necessariamente patologia ou perversão de alguns, mas declínio *geral* da qualidade de vida da nossa vivência e da capacidade relacional nas nossas comunidades; tampouco são o fruto de um cedimento individual a um instinto incontrolado, mas são o sinal preocupante da *mediocridade geral* com a qual por parte de todos é vivida a virgindade, paixão de amor por Deus que se volta para os homens. E a mediocridade, inclusive a mediocridade relacional, já é perversão e escândalo! Retomaremos mais à frente esse importante ponto que, infelizmente, não costuma ser considerado ou é totalmente negado.

Outro caso de perda da relação, típico especialmente das novas realidades que estão nascendo no variegado mundo da vida consagrada,[4] está ligado à situação que se

---

[4] Não há dúvida de que essas novas formas de vida consagrada são uma bênção para a Igreja e a vida consagrada. Não obstante, elas precisam ser seguidas e ajudadas pela Igreja mesma, exatamente porque são deveras portadoras de uma vida nova na vida consagrada de hoje (como a história recente nos mostra).

criou em alguns institutos com fortes figuras de líderes carismáticos, dotados de notáveis influências sobre o grupo, por sua vez funcionando perfeitamente sob a guia deles, arrastado por eles, mas tornado passivo e levado a repetir simplesmente o querer deles. Em muitos desses casos, o problema era e é que exatamente o bom andamento do grupo, talvez coroado de certo sucesso em termos vocacionais e pastorais (particularmente nos seus inícios), comumente junto com a boa-fé (de uma parte ou da outra), impediu aquela sadia disposição autocrítica que é a condição do autêntico funcionamento do sistema e do crescimento de toda comunidade. Daí o paradoxo bem acentuado por Bruni: "As grandes crises iniciam quando tudo fala de sucesso e de desenvolvimento, se os líderes não têm a sabedoria de mudar quando ninguém (ainda) quer".[5]

Poderemos dizer, brevemente, o que acontece: a pessoa em autoridade, que talvez esteja no início de uma nova realidade carismática, não só explora – como é lógico – os seus talentos de capacidade de atração espiritual e de tração psicológica do grupo, mas encanta-se um pouco demais com o próprio sucesso (também porque o grupo às vezes busca exatamente esse tipo de líder e o favorece de vários modos); além do que, embora para garantir-se uma posição irrefutável, tende a dar à obra – acreditando e sustentando fazer o seu bem – uma forma bem estruturada e definitiva. Com papéis, encargos, articulações e várias passagens de responsabilidade das quais é substancialmente o ponto de

---

[5] BRUNI, L. *La distruzione creatrice. Come affrontare le crisi nelle organizzazioni a movente ideale*. Roma: Città Nuova, 2015, p. 15.

partida e de chegada, e, portanto, com uma gestão prática da autoridade que, de qualquer modo, fica solidamente nas suas mãos (e exatamente para que fique aí sempre mais).[6]

Então, por um lado, o risco é o de certa burocratização que torna impessoais as relações; por outro lado – perigo muito mais grave e que nos interessa aqui –, é o de *cercar-se de pessoas perfeitamente dóceis e prontas a concordar, a dizer "sim, senhor", consideradas virtuosas e obedientes*, de indivíduos totalmente dependentes do chefe e sempre de acordo com ele, excluindo ou não escutando, em nome da unidade e da identificação com o carisma (nestes casos superestimado), *quem poderia ter uma ideia diversa ou manifestar certa criatividade.* Um chefe não pode, de fato, admitir que alguém o supere; na realidade, o teme! Ao fazer isso, porém, perde a possibilidade de ver os seus erros e saber onde é necessário mudar e crescer, para o bem real da obra e dos seus membros.

Esse modo de agir provoca ulteriores efeitos relativamente às relações: a liberdade das pessoas é limitada e se deteriora a qualidade da vida relacional; cria-se um clima de suspeita e controle que favorece a não abertura e a falsidade das relações, e torna triste o ambiente e quem o habita, ao passo que, por outro lado, se deve de qualquer modo exibir

---

[6] Um dos sinais que autenticam a maturidade psicológica e espiritual do fundador é exatamente o desapego do poder e a liberdade de deixar qualquer papel de autoridade. De fato, os verdadeiros fundadores e fundadoras são pessoas que procuraram favorecer o mais rápido possível a passagem de responsabilidade e de autoridade; pessoas livres para entregar aos outros o que eles mesmos tinham gerado. Sem a pretensão de que fosse reconhecida a sua paternidade.

exteriormente uma alegria de organização, especialmente por ocasião dos grandes acontecimentos. O líder tende ao monopólio das pessoas e a comunidade, à homologação dos membros, às vezes à mortificação da sua individualidade e originalidade; promove-se a devoção ao chefe,[7] enquanto não é igualmente promovida a relação horizontal, antes é vista até com desconfiança a amizade entre os membros da comunidade, considerados mais filhos do único "pai" que irmãos entre eles. E se um pensa por todos, como acontece em casos semelhantes, não se percebe que *todos tendem a pensar menos*; se um decide pelos outros, *ninguém aprende nunca a discernir*. Entretanto, porém, cria-se uma dificuldade que antes ou depois se tornará reação explícita ou diretamente rebelião. Desse modo, o carisma não cresce e não faz crescer. Muito menos cresce a relação.

Os carismas, de fato, são vivos e continuam a viver até gerarem pessoas *livres e felizes*, capazes de reconhecer-se no carisma e de manifestar a riqueza do seu eu através dele para o bem da Igreja e do mundo.

A situação atual, na qual estão desaparecendo aquelas condições que nos tornaram – talvez sem que o quiséssemos

---

[7] As formas dessa atitude são várias e, às vezes, coloridas: de não sonhar em questionar, de qualquer forma, o que o chefe diz – que, por definição, nunca erra –, a nutrir a própria vida espiritual unicamente com os seus escritos e textos (às vezes, por sua ordem explícita); de permitir ao fundador/fundadora qualquer tipo de conduta, talvez não própria segundo o Evangelho, a consentir que ele transgrida aquela regra que ele/ela mesmo escreveu, de identificar *tout-court* com a vontade de Deus aquilo que ele pensa ou diz ou pede, a cercá-lo de cuidados e atenções excessivas e asquerosas (cf. EDITORIAL. Quando il carisma è bacato. In: *Tre Dimensioni* 1 (2018), p. 4-8).

Abraçar o futuro com esperança

explicitamente – pessoas ou grupos de poder (pela contração numérica vocacional à perda de significado tanto na Igreja como no mundo), poderia providencialmente, mesmo fora da nossa vontade, reconduzir-nos às nossas dimensões mais conaturais e evangélicas, libertando-nos do poder, de todas as suas ciladas e seduções, ilusões e contradições. E, sobretudo, poderia ser uma ocasião propícia para recuperar o sentido e o valor da relação. E também, portanto, da vida consagrada e da nossa identidade de consagrados, *homens e mulheres em relação*, com o Senhor Jesus, tesouro da nossa vida, e com a Igreja e o mundo, com os pobres e com quem é mais excluído exatamente da relação, numa relação sempre mais "inclusiva".

A profecia citada diz exatamente isso. Permite que captemos o motivo de certa crise e, ao mesmo tempo, entrevejamos juntos a solução. É como dizer: se compreendermos a raiz, esta raiz relacional, da crise que temos vivido e estamos vivendo, sem esconder-nos atrás de justificações defensivas, então essa crise poderá tornar-se providencial e ser a hora de Deus para nós, para a Igreja, para a vida consagrada!

Vejamos então como sair dessa situação, ou como favorecer em nós e nas nossas convivências um caminho rumo a relações autenticamente humanas e humanizantes com o mundo e com a Igreja, relações solidárias e fraternas, vividas por pessoas adultas, nas quais cada um é responsável e necessitado do outro, nunca superior ao irmão, na comunhão e na gratuidade, na proximidade e na misericórdia compassiva. Viver bem essas relações é a condição para uma vida verdadeiramente *fraterna*, portanto, plenamente relacional, *dentro* da vida consagrada (mas aqui não enfrentaremos explicitamente esse aspecto), e plenamente *missionária*, como é na identidade da própria vida consagrada.

Caminhar rumo a essa cultura da relação, então, é observar com realismo um certo passado no qual, além da aparência, não vivemos bem a relação; e caminhar em direção a um futuro novo, sem medos pela sobrevivência do eu e das nossas instituições e, na força daquela relação com Deus que está no centro da nossa vida, sempre mais abertos e dirigidos para o "tu", todo "tu" que a vida nos faz encontrar como companheiro de viagem no mesmo caminho para a idêntica meta.

"Abraçar com esperança o futuro"

Deixo-me inspirar, para a minha proposta, por uma frase da *Carta apostólica do Papa Francisco às pessoas consagradas por ocasião do Ano da Vida Consagrada*, que dá o título ao livro e a esta terceira parte da nossa reflexão, como um convite preciso.[8] Ali o convite era precedido por uma frase do documento *Vita consecrata*, que, depois, se tornará, entre outros, o documento mais citado em todo o texto, no qual se lembra de que não temos "apenas uma gloriosa história a recordar e a contar, mas uma grande história a

---

[8] Cf. *Carta apostólica do Papa Francisco às pessoas consagradas por ocasião do Ano da Vida Consagrada*, 21.11.2014, I,3. É o terceiro objetivo ao qual o Papa Francisco convida os consagrados naquele ano. O primeiro era "Olhar com gratidão o passado", o segundo, "Viver com paixão o presente".

construir".[9] E é significativo também que o Papa Francisco não resista à "tentação" de retomar essa expressão na sua *Carta aos consagrados*, chamados a "escrever uma grande história no futuro".

Não sei, francamente, se nos espera "uma grande história" nem como é entendida a expressão. O importante é que nos deixemos conduzir pelo Espírito, a fantasia desregrada e sonhadora de Deus; e então haverá um futuro, e será aquilo que ele quiser, que não podemos agora imaginar. "O futuro" – disse uma vez Roosevelt – "pertence àqueles que creem na beleza dos sonhos". E o nosso sonho, neste momento, nasce de uma certeza: *a vida consagrada terá futuro apenas se for mais relacional, muito mais relacional do que é no presente.*

A minha proposta, porém, é simplesmente articulada nas três partes nas quais podemos decompor o convite do Papa Francisco, cada uma já constante no subtítulo, como veremos, por uma pergunta que provoque e oriente a nossa análise e cuja resposta não é absolutamente prevista. Para entender bem como ir ao encontro do futuro, no presente da Igreja daquele místico da relação que é o Papa Francisco, ricos da história que nos gerou.

É o que buscaremos compreender nos próximos três capítulos.

---

[9] *Vita consecrata*, n. 110.

3 "Abraçar": sociedade pós-cristã ou pré-cristã?

O verbo "abraçar" – verbo tipicamente relacional – diz a qualidade da relação, particularmente numa cultura como a atual, na qual o corpo está sempre mais envolvido na relação. Não se abraça, de qualquer modo ou habitualmente, qualquer um nem, muito menos, um desconhecido; ao contrário, abraça-se uma pessoa com a qual já existe uma relação e certa confidencialidade, certo afeto e, ao mesmo tempo, uma relação de algum modo no mesmo nível, na qual posso permitir-me aquele gesto.

Hoje, pelo que parece, depois dos recentes e dramáticos atentados terroristas destes últimos tempos e do clima de raiva e medo que se seguiu, precisa-se muito de certo tipo de relação que nos permita recuperar o contato interpessoal sem essa "raiva e medo". Na realidade, todos nós precisamos abraçar e ser abraçados, porque nada pode substituir "um abraço verdadeiro, sincero, oferecido com todo o coração e afeto",[1] para superar certo temor do outro

---

[1] Essa expressão é parte da proposta de uma simpática iniciativa denominada "Con-tatto Abbracci Gratis" [Con-tato Abraços Grátis], que ocorre em Milão, na praça Duomo, há algum tempo, em clima natalício. Com este lançamento: "Neste ano, pelo Natal, haverá muitos abraços, porque nada pode substituir um abraço verdadeiro, sincero, dado de todo o coração e afeto, ainda que for um desconhecido que o dê, talvez seja exatamente entre pessoas que não se conhecem que o presente se torna mágico. Um acontecimento que une a magia do Natal, a magia do dom, a magia do abraço, criando uma receita

e sentir-se acolhidos e acolhedores. É a magia do abraço, no qual não se pode saber e distinguir quem abraça e quem é abraçado, como se os dois tivessem se tornado uma única pessoa. Do abraço como ícone perfeito e muito humano da reciprocidade relacional, mas também ícone maximamente expressivo da Trindade Santíssima, se é verdade, como diziam os padres, que o Espírito Santo é o abraço do Pai ao Filho e do Filho ao Pai: abraço tão intenso que se torna pessoa!

Um abraço certamente pode servir para recuperar um pouco o clima e as relações, mas não o faz automaticamente. A nós interessa agora compreender bem um gesto que poderia ser muito significativo e decisivo hoje para nós consagrados.

Antes de tudo, abraçar a *quem*?

O texto da carta do Papa Francisco diria o futuro. Claro que se trata de uma metáfora, mas assim como não se abraça uma entidade abstrata, nem o tempo, nem a história, entes ou entidades virtuais, e o verbo fala exatamente de braços, de braços que se apertam em torno de outra pessoa, o objeto do abraço devem ser *pessoas*, homens e mulheres que vivem neste mundo, nesta sociedade na qual nos é dado por graça viver. Se quisermos que o gesto seja sincero, e não

---

para ser felizes, ainda que só por um instante", como escreveram os organizadores do evento. Eles nos deram também esta informação (científica?): um abraço dura em média três segundos, mas, quando chega a vinte, tem sobre a mente e o corpo um efeito terapêutico, pois produz a ocitocina, o hormônio do amor. Talvez – acrescentamos – sejam lícitas algumas dúvidas: por que impulsos de amor precisam de um agente químico para surgir?

ABRAÇAR O FUTURO COM ESPERANÇA

se assemelhe à "mão morta" do gesto de paz (infelizmente, às vezes, árido) durante a missa, é preciso que corresponda àquilo que sentimos dentro de nós, que provemos afeto por essa realidade humana, afeto verdadeiro. Aquele afeto que vem da *estima* do outro, como esclarece oportunamente a psicologia e que só então é verdadeiro, do contrário é ficção ou apenas compaixão.

Isso tem importantes consequências no âmbito relacional-pastoral. Um verdadeiro pastor sabe que a primeira condição para evangelizar é o amor por aqueles a quem se quer transmitir a Boa-Nova. *Não se evangeliza onde não se ama, nem se pode anunciar a Boa-Nova a não ser à pessoa a quem se quer bem; e é exatamente por isso que se quer dar a eles um evangelho, uma boa notícia.* O amor, por sua vez, só é verdadeiro onde *há estima pelo outro*. Do contrário, é amor fingido, por quantos abraços possamos dar ao outro. E vazio e ineficaz será também o anúncio evangélico, sobretudo porque não será percebido por quem o recebe como tal, como notícia bela que dá alegria. Será um anúncio contraditório.

Então, eis a pergunta: nós estimamos esta nossa sociedade na qual hoje vivemos, à qual somos convidados? Que ideia temos dela? Nós a estimamos como *locus theologicus*, terra para nós do encontro com Deus, história de uma salvação que se realiza no tempo? Podemos dizer que queremos bem a este mundo, aos homens e às mulheres, nossos irmãos e irmãs na difícil caminhada da vida, nas diversas periferias da existência humana? Ou corremos ainda o risco de cair naquele paternalismo que nos faz sentir superiores aos outros, ou naquele farisaísmo de um Deus (ou deus) que premia os justos e castiga os pecadores, e em nome de tal falsa imagem nos tornar juízes dos outros, moralistas tristes que não sabem mais reconhecer o bem?

O dogma do "pós"

Claro, a aparência hoje não é exaltante: o mal parece reinar por toda parte e de muitas formas. Parece estar em ação um processo de desumanização, como se a dignidade humana estivesse desaparecendo. Há, porém, em particular, um modo de avaliar este tempo, como se algo nele estivesse progressivamente se exaurindo, como que chegando a um ponto final, que não parece dar lugar a nada de novo, a nenhuma esperança, a nenhuma continuidade. Seria o dogma do "pós", que domina todas as leituras sociológicas, filosóficas e não só. Essa pequena e terrível partícula, que, na realidade, é niilista e mortal (de fato, segundo alguns, a nossa sociedade seria uma sociedade pós-mortal[2]), não reconhece uma nova e específica identidade ao tempo que estamos vivendo, mas apenas os sinais de uma decadência inexorável e fatal, como se vivêssemos uma identidade que ia bem, muito bem por um tempo, mas agora passada: ou seja, estamos agora sem identidade.[3]

---

[2] Cf. os estudos da socióloga canadense: LAFONTAINE, C. *Il sogno dell'eternità. La società postmortale.* Milano: Medusa, 2009.

[3] Algo muito semelhante à retrotopia de Bauman, com a diferença que esta última idealiza o passado e o reconhece ainda vivo, enquanto a lógica do *pós*, embora declare o passado mesmo insuperável por certos aspectos, considera-o exaurido, morto e não mais viável no presente.

E isso em diversos âmbitos, para os quais esta sociedade (e cultura) seria pós-industrial, pós-capitalista ou pós-marxista, pós-moderna ou pós-secular, pós-metafísica ou pós-ideológica, com declínio e desaparecimento do conceito de verdade. Há até quem fale de pós-verdade (*post-truth*),[4] sociedade pós-conciliar e até *pós-humana*, como se a espécie homem estivesse extinta; no plano crente, depois, sociedade *pós-cristã*, como se agora o Cristianismo fosse finito. E como se nós tivéssemos entrado numa fase inexoravelmente pós-cristã, na qual os crentes seriam o resíduo de algo que está morto e que nada mais tem a dizer aos homens e às mulheres de hoje, e os consagrados como *zumbis*, seres estranhos que ainda não se aperceberam que o seu mundo de crenças não existe mais e ninguém mais está disposto a escutá-los. E também eles talvez não existam mais, talvez sejam apenas aparência.

Seria deveras desastroso se fosse assim; seria desastroso também só pensar isso, e falar tranquilamente a

---

[4] De fato, essa palavra foi escolhida pelos peritos lexicográficos dos famosos Dicionários de Oxford (*Oxford Dictionaries*) como "Palavra do ano 2016", dado que o seu uso teria aumentado, durante o ano de 2016, mais de 2000%! Na realidade, *post-truth* (da qual deriva a outra expressão moderna das *fake news*, a *bufala*, em italiano) significa que a verdade ou os fatos objetivos são irrelevantes, e que influíram menos na criação da opinião pública com respeito ao que faz apelo à emoção ou às opiniões subjetivas. Daqui o fenômeno da difusão viral de notícias falsas, mas plausíveis para um público privado de instrumentos adequados de decodificação, que condicionam muito a opinião pública e as escolhas eleitorais. Os exemplos dados pelos peritos que escolheram essa expressão como palavra do ano foram as campanhas político-eleitorais pró-Brexit no Reino Unido e a presidencial de Trump nos Estados Unidos.

respeito; as palavras, de fato, ainda que não compreendidas no seu significado, criam cultura e mentalidade. Devemos reconhecer, porém, que, às vezes, também nas nossas reflexões e análises feitas nos congressos vários, é exatamente esse o julgamento que fazemos desta época, a chamamos exatamente assim "pós-cristã", e acabamos nos sentindo nela, talvez sem perceber, todos nós consagrados, como pessoas fora do lugar, inúteis, uma espécie em via de extinção, um pouco moribundos, dando como certo que alguns institutos já estão mortos e outros estão no caminho do ocaso, dentro de uma Igreja também já morta ou moribunda, ou que não consegue mais evangelizar, fazer ouvir o seu anúncio como palavra de vida; uma Igreja obrigada de algum modo a calar-se pela cultura de morte circunstante.

Perspectiva nada entusiasmante, antes perspectiva que nos coloca numa situação de conflito com este mundo, visto como hostil e pagão, perigoso e infectado, diabólico e mau. Bem diferente de abraços e beijos... Talvez sufocados, nós, crentes e consagrados, por um abraço mundano mortal!

Do pós-cristão ao pré-cristão

A provocação é esta: estamos de fato seguros de que este seja um modo correto de ler a situação? Onde "correto" está para "crente", melhor ainda, "autenticamente cristão"? E se, ao contrário, essa cultura fosse *pré-cristã*?[5] Ou seja,

---

[5] Aprofunde esse tema e essa passagem, indicando consequências pastorais e relacionais, no meu *Prete e mondo d'oggi. Dal post-cristiano al pre-cristiano*. Cinisello Balsamo (MI): San Paolo, 2010.

à espera de algo, de alguém, de salvação, de libertação do terror do sem sentido, da morte, do sofrimento, da guerra... À espera de felicidade, de vida plena, de verdade, para sempre? À espera, sobretudo, de um amor grande, que encha o coração e seja para sempre? É óbvio que os homens e as mulheres de hoje podem também não ser plenamente conscientes dessa espera, ou reduzi-la aos quatro dias que vivemos nesta terra, sem projeções de saída, sobretudo sem referir essa espera a Deus, sem saber que na realidade tudo isso significa que o *único desejo* que está presente no coração de cada homem e mulher é ver o rosto do Eterno![6]

Exatamente essa é a tarefa nossa, de consagrados, hoje e sempre. Exatamente para isso nasceu a vida consagrada: para dizer que *no coração do ser humano, qualquer ser humano, há este irreprimível desejo-expectativa de ver o rosto divino, de escutar a sua Palavra,* a única que fala de vida eterna; *de experimentar o seu amor,* o único que pode matar totalmente a sede infinita de amor do coração humano; de *gozar daquela felicidade plena e estável* que pode ser dada e garantida apenas por Deus, aquele Deus que não quer soldadinhos obedientes, mas filhos felizes. Esta é a essência da vida consagrada: revelar ao homem esse desejo, reconhecê-lo e fazer com que surja também quando é ignorado, perdido, sufocado, contradito, negado, zombado.

---

[6] É o sentido profundo do que Filipe pede a Jesus com aquela súplica aflita: "Mostra-nos o Pai e isso nos basta" (Jo 14,8), onde aquele "nos basta" indica o máximo da felicidade.

O conceito de sociedade pós-cristã é simplesmente um *sem sentido* quando ignora tudo isso, é verdadeiramente *fake news*.

Porque toda época será *sempre pré-cristã*, sempre à espera, sempre tendendo para algo – Alguém – que lhe falta, ainda que não saiba identificá-lo; antes, sobretudo quando não consegue dar um nome ao esperado, àquilo que está esperando. Exatamente então é necessária a vida consagrada, ou seja, a experiência plenamente espiritual de quem conhece o caminho que leva a Deus, e sabe – por uma experiência pessoal que continua no tempo, nunca termina – que tal caminho passa também por fases alternas: de dúvida, incerteza, ambiguidade, frustração, indiferença, negação, sensação de ausência ou do silêncio de Deus. Sabe porque passou por tal caminho, a ponto de poder agora ajudar outros a reconhecer o desejo espiritual profundamente enraizado em todo vivente, desejo que nada nem ninguém jamais poderá apagar; ajudá-los a decidir pôr-se a caminho para Deus. Porque este é o homem, peregrino do divino. Este é o seu tormento profundo, e também a sua verdadeira felicidade.

O abraço como símbolo da nova evangelização

Então o consagrado é totalmente diferente de um *zumbi* que vem sabe-se lá de qual mundo, ou do que resta – ou se obstina a restar – de um passado que não existe mais; é irmão ou irmã que com amor se coloca ao lado do homem e da mulher de hoje, nesta operação que não é doutrinação, mas escuta do coração e do seu desejo. Operação que talvez seja um modo novo de conceber a evangelização: novo pela intenção interior que o move e que se converte logo em estilo e qualidade da relação. Que deve ser como um abraço, exatamente ditado pelo afeto por este mundo e não pelo medo; ditado pela estima e confiança por ele, não pelo sentido de superioridade desconfiada e insuportável; motivado para a inclusão, não para a exclusão.

O abraço poderia, portanto, tornar-se o símbolo do estilo relacional típico da nova evangelização.

Acenemos apenas a alguns traços desse estilo. Abraçar o futuro em relação com esta história e as pessoas concretas que a vivem (não digamos "o mundo": é fácil demais e, no fim, ilusório, dizer que abraçar o mundo) quer dizer:[7]

1. *Não se sujeitar ao futuro, antes de tudo, nem ir em frente passivamente*, sem prepará-lo, deixando que o amanhã caia sobre nós ou nos encontre despreparados; ou andando ao acaso, navegando sem instrumentos, sem critérios precisos, e confundindo o abandono à vontade de Deus com a nossa inércia, pouca fantasia, escassa intuição, falta

---

[7] Segundo o *Grande Dizionario della Lingua Italiana*, "abbacciare" [abraçar] – como em português – tem uma variedade discreta de significados: cingir, apertar com os braços; ocupar, circundar, cercar (como os montes que abraçam o mar, ou o silêncio que envolve certo espaço); manter consigo, conter (exemplo: envolver ou contemplar com o olhar, compreender, entender (com o olhar da mente ou do coração); encerrar, incluir (uma série de noções, conceitos); aceitar com convicção uma opinião, uma causa; acolher no seu espírito, dedicar-se inteiramente a... (exemplo, abraçar o lenho da cruz); favorecer, proteger. Cf. BATTAGLIA, S. (org.). *Grande Dizionario della Lingua Italiana*. Torino: Utet, 1961, v. 1, p. 30-31.

de coragem, não saber o que fazer. Quer dizer, de algum modo, *criar esse futuro* enquanto depender de nós, ou antecipá-lo com clarividência profética, para buscar compreender o que pede de nós, o que nos sugere que deixemos, sem esperar sermos obrigados; quais pistas novas nos propõe, quais erros nos indica para não repeti-los, especialmente acerca da relação com o mundo e o sentido da missão, quais aspectos do carisma reavaliar ou interpretar de maneira diversa, quais periferias até agora nunca visitadas, mas a conhecer e frequentar. Voltaremos mais à frente, com indicações mais concretas, sobre o assunto que exige um olhar deveras profético. Que nostalgia temos de profetas hoje! Não, certamente, como adivinhos do futuro, mas como homens e mulheres espirituais que aprenderam a discernir os caminhos de Deus na história de cada dia.

2. Além disso, abraçar o futuro em função das pessoas quer dizer *não se preocupar demasiado com a nossa sobrevivência ou com os nossos números.* Isso é medo e preocupação pagã, porque demasiado autorreferencial e típica de quem está desesperado e deprimido; preocupação desagradável a Deus e por ele até punida na história – como acontece com Davi (cf. 2Sm 24,1-17) – e, muitas vezes, depois desmentida pela realidade dos fatos.[8] O problema é que, de fato, nós

---

[8] Quantas vezes previsões e projeções acerca do futuro não tiveram qualquer confirmação pelo seguimento da história. Às vezes, nem sequer pela história real atual. Hoje, por exemplo, nos lamentamos tanto pela crise vocacional da vida consagrada que essa lamúria tornou-se um lugar-comum, mas se, aos membros dos institutos tradicionais de vida consagrada, somarmos os das chamadas "formas novas de vida consagrada", que pertencem de modo diferente a esta grande e fecunda realidade – embora em alguns casos precise de guia

ABRAÇAR O FUTURO COM ESPERANÇA

nos reconhecemos e atribuímos a nós mesmos um título de imortalidade, como institutos. Todavia, não é assim. O importante talvez seja *entender como mover-se neste tempo*, sem lamentar outros, sem medo do tempo e da cultura em que vivemos, mais preocupados com os outros e com a sua salvação do que com a nossa sobrevivência (de fato, não somos náufragos nem sobreviventes). Evitando ler neste mundo apenas o mal ou apenas um processo de depravação, como se a história fosse para um ponto de perdição progressiva. Desse modo, correremos o risco de perder o sentido da encarnação de Deus na história, em toda história e em todo tempo; e da redenção, de cada homem e de cada tempo.

3. Dissemos que abraçar é sinal de amor, o que significa relação positiva recíproca. É amar este mundo, os homens e as mulheres de hoje.[9] É ter um *preconceito explicitamente positivo* em relação a ele, não negativo, de rejeição ou de avaliação negativa, nem sequer de simples benevolência,

---

e correção de rota –, alcançaremos um número muito importante, talvez o mais alto já alcançado na longa história da vida consagrada e, de qualquer modo, um número que diz exatamente o contrário de uma situação crítica, mas talvez a vitalidade atual de uma vocação de mil expressões.

[9] Como são belas e sinceras as palavras pronunciadas por Paulo VI no Discurso de abertura do 2º período do Concílio (29 de setembro de 1963): "O Concílio procurará lançar uma ponte para o mundo contemporâneo. [...] Que o mundo saiba: a Igreja olha para ele com profunda compreensão, com sincera admiração e com sincero propósito não de o conquistar, mas de o servir; não de o desprezar, mas de o valorizar; não de o condenar, mas de o confortar e salvar" (https://w2.vatican.va/content/paul-vi/pt/speeches/1963/documents/hf_p--vi_spe_19630929_concilio-vaticano-ii.html).

talvez mais ou menos forçada ou ingênua, que não quer ver quanto mal há em redor de nós. Significa, concretamente, a capacidade teimosa, espiritual, antes, e psicológica, depois, de descobrir o desejo de infinito e de eterno do ser humano, que torna esta cultura *em todo caso pré-cristã*, tendendo para Cristo, princípio e fim, e cada homem/mulher, talvez nunca como hoje, *na expectativa da sua salvação*, ainda que não o saiba, e extraordinária a missão de quem, como o consagrado, quer acompanhar esta busca do divino no humano.

4. Então, mais concretamente, esse preconceito positivo quer dizer a convicção de que também nesta cultura há *potencialidades positivas e intuições fecundas* e, portanto, a necessidade de se empenhar, de nossa parte, para compreender bem os valores desta cultura, as aberturas positivas, as passagens abertas para esse advento, uma sensibilidade ainda atenta ao espírito, os vestígios do *logos spermatikos*,[10] os "sinais dos tempos", no fundo, às vezes, sinais pouco claros e de intensidade fraca, que só as pessoas espirituais sabem perceber. Assim, porém, deveriam ser os consagrados e as consagradas de hoje, estes adivinhos do divino no coração humano.

5. Evitar, da maneira mais absoluta possível, os pessimistas, lamurientos, coveiros, profetas de desventura, terroristas do espírito, analfabetos, incapazes de ler no presente a direção do futuro, saudosistas do passado e

---

[10] Cf. Justino, segundo o qual o Cristianismo contém e desenvolve no seu germe todos os vestígios, os avisos e as verdades, nem sempre plenamente patentes, presentes também nas filosofias pagãs.

enraivecidos com o presente e com o mundo inteiro, desiludidos com a Igreja e com os seus pastores.[11] E, em vez de gastar uma quantidade escandalosa de energia em se lamentar, ou em julgar e condenar os perversos, desenhando cenários dramáticos de "fim do mundo" ou do mundo cristão, procuremos antes ser inteligentes e usemos a energia *para aprender a língua falada hoje*. Aprendamos a nos exprimir segundo a sensibilidade secular, para sermos compreendidos no anúncio do Evangelho, para que as nossas palavras sejam compreendidas, para que o nosso testemunho seja incisivo, para que a nossa mensagem abra uma brecha no coração de quem escuta, seja verdadeiramente notícia bela e total e por todos deleitável. Também porque a linguagem "religiosa" está morta e ninguém a compreenderia. Devemos, ao contrário, falar a língua de hoje, ou dizer o Evangelho e a nossa espiritualidade em língua e dialeto locais, para que todos os possam compreender e desfrutar

---

[11] Não parece tendência de hoje se já João XXIII, no Discurso de abertura do Concílio (11 de outubro de 1962), disse: "Ferem nossos ouvidos sugestões de pessoas... que, nos tempos atuais, não veem senão prevaricações e ruínas; vão repetindo que a nossa época, em comparação com as passadas, foi piorando. [...] Mas parece-nos que devemos discordar desses profetas da desventura, que anunciam acontecimentos sempre infaustos, como se estivesse iminente o fim do mundo. [...] A Igreja sempre se opôs a estes erros; muitas vezes até os condenou com a maior severidade. Agora, porém, a esposa de Cristo prefere usar mais o remédio da misericórdia do que o da severidade. [...] Não quer dizer que não faltem doutrinas enganadoras... Mas agora parece que os homens de hoje estão inclinados a condená-los por si mesmos" (http://w2.vatican.va/content/john-xxiii/pt/speeches/1962/documents/hf_j-xxiii_spe_19621011_opening-council.html).

(e seria *a aculturação*).[12] E para que o outro, ou seja, quem recebeu de nós a mensagem evangélica, esteja depois em condições de repeti-la de modo novo e original, segundo a sua própria experiência, sensibilidade, cultura, imagens, intuições, sobretudo, segundo o dom do Espírito que também ele, evidentemente, possui, e que permite agora que dê uma contribuição criativa. É a inculturação como processo gerido por quem foi evangelizado, e agora se torna evangelizador daqueles que lhe deram o primeiro anúncio, enriquecendo-o com uma nova luz.[13] Esse dinamismo (aculturação-inculturação), como diremos mais adiante, é a condição para a renovação dos nossos carismas, de alguma maneira restituída àquela Igreja e àquele mundo pelos quais os recebemos, e não simplesmente conservamos e embalsamamos nos nossos arquivos (dos quais seríamos os guardas). E seria deveras nova evangelização. Para quem evangeliza e para quem é evangelizado, num feliz intercâmbio de papéis.

---

[12] O processo de aculturação indica o movimento que o evangelizador faz em direção ao mundo cultural-existencial de quem recebe a mensagem (*ad culturam alterius*). Evangelizador que deve ser rigorosamente *bilíngue*, evidentemente também em sentido metafórico, como conhecedor do Evangelho e da sua beleza de sentido, e como conhecedor da sensibilidade hodierna secular, em cuja "língua" quer se dar ao trabalho de se exprimir, para dizer exatamente aquela beleza de sentido que conquistou o seu coração. Língua dupla como paixão dupla, para Deus e para o homem.

[13] Sujeito da inculturação é, portanto, quem recebeu a mensagem e que agora a repete como apenas ele poderia fazer na sua cultura (*in cultura sua*). E de modo, portanto, totalmente original e enriquecedor para o mesmo "titular" do carisma.

6. Tudo isso – não esqueçamos o que já foi acenado – não significa sermos particularmente inteligentes e geniais, mas talvez seja preciso ver com a qualidade da nossa vida espiritual, no sentido de que o verdadeiro homem/mulher espiritual sabe ou deveria saber que *a busca de Deus, se é sincera, passa também pela dúvida, pela incerteza, pela luta, até pela rejeição e pela negação ou pela sensação da ausência e do silêncio do Deus misterioso...* E, portanto, deveria ser perito em reconhecer aquela sutil sede e saudade de Deus que se esconde às vezes por trás de atitudes aparentemente negativas em relação a elas. Em suma, o homem espiritual não é aquele que vive de modo privado, por perfeito que seja, a sua relação com Deus, mas aquele que ajuda os outros a reconhecer o caminho longo ao encontro do qual Deus mesmo vem. Recordemos que "espiritual" não quer dizer abstrato e sério, ou arrebatado numa espécie de êxtase; significa relacional, crente capaz de relação, com Deus e com os homens (assim como o Espírito é a relação em Deus). Repitamos que o consagrado, nesse sentido, é um adivinho do divino, reconhece os "gemidos inenarráveis do Espírito" (Rm 8,26) de profundidade inacessível a quem não amadureceu essa sensibilidade espiritual. O consagrado de amanhã deverá ser sempre mais esse homem ou mulher de Deus, perito nesse tipo de discernimento espiritual. É o dom maior que poderíamos fazer a quem encontrarmos no nosso caminho: fazer com que ele reconheça aquele Deus que o aguarda e que – como recorda Agostinho – está dentro dele, fonte de vida e da plena felicidade.

A alegria do Evangelho

Há uma condição que é mais que uma condição para o anúncio, que já diz de algum modo o seu conteúdo: a *alegria*. Aquela alegria da qual o Papa Francisco fala em *Evangelii gaudium*, o texto que representa, no seu próprio modo de dizer, o "quadro apostólico da Igreja de hoje".[14] "A alegria do Evangelho enche o coração e a vida inteira daqueles que se encontram com Jesus. Aqueles que se deixam salvar por ele são libertados do pecado, da tristeza, do vazio interior, do isolamento. Com Jesus Cristo, renasce sem cessar a alegria."[15]

A alegria de semear

O anúncio parte da alegria de ter recebido o dom do Evangelho e da fé e – poderia acrescentar o consagrado –, também, o dom do carisma e de quanto nele é revelado do amor eterno. Nós não somos perfeitos nem melhores que os outros,[16] somos apenas destinatários de um dom extraordinariamente belo ou de uma notícia estrepitosa, que não podemos reter para nós (assim como Deus não se regozija sozinho). E recordando que o ponto de apoio da evangelização não são as condições culturais ambientais favoráveis, ou a situação dos terrenos nos quais vamos semear a

---

[14] Assim Francisco se expressou num encontro com os jesuítas (depois repetindo no encontro com os superiores-gerais, em 25 de novembro de 2016); cf. *La Civiltà Cattolica* 3995 (2016) IV, 428.

[15] *Evangelii gaudium*, n. 1.

[16] Cf. o livro de E. Bianchi que leva exatamente este título: *Non siamo migliori*. Magnano (BI): Qiqajon, 2002.

Palavra, mas unicamente a beleza daquilo que nos é dado para anunciar e que dá encanto ao gesto mesmo do anúncio.

A nossa alegria está toda ali, na consciência não só do dom recebido, mas também da graça de poder transmiti-lo aos outros;[17] graça que se torna paixão e dá coragem e criatividade: na verdade, poderíamos chamá-la "a paixão-coragem-criatividade do semeador". Não existe alegria e paixão maior do que esta nem outro ponto de partida ou de chegada. Quero dizer com força que quem anuncia o Evangelho já está satisfeito pelo anúncio mesmo, pela alegria missionária de dar aquela boa notícia, porque é belo semear, é belo em si transmitir aquela novidade assombrosa que é o amor do Eterno por todos, a sua amizade e misericórdia. É tão belo que já é uma razão de vida, independentemente do resultado, especialmente se este é entendido como pretensão, ou é determinado necessariamente pelos números, pelo sucesso, pela multidão... E essa paixão é tão intensa que torna o semeador livre não só da pretensão do resultado, mas livre para não impor nada a ninguém, muito menos a conversão; livre da ânsia de obter, da dependência da resposta, da psicose do sucesso; livre porque esse semeador é muito consciente de que o Espírito sabe como abrir um caminho no coração das pessoas.

Por isso, ele é também livre para concentrar-se sobre a alegria de quanto lhe foi dado, e que só pode comunicar aos outros; por isso é belo semear, belo em si mesmo, ainda mais que colher. Belo é semear em toda parte e de todos os modos, em cada pessoa e ambiente, em cada circunstância

---

[17] Paulo diria: "a graça do apostolado" (Rm 1,5).

e situação existencial, como nos conta a parábola do semeador, aparentemente desprevenido, que lança a semente também onde o terreno pareceria absolutamente inapropriado para dar fruto.

Creio que aqui se abrem espaços verdadeiramente novos e impensados para a vida consagrada, desde sempre chamada a evangelizar onde a Palavra nunca foi anunciada; a frequentar ambientes improváveis, a ter a coragem do primeiro anúncio, a semear ao longo do caminho ou entre espinhos e abrolhos, correndo talvez o risco de rejeições e portas na cara. Só que num tempo esses lugares eram as chamadas "terras de missão", geograficamente distantes, ao passo que hoje são sempre mais lugares próximos de nós, terras de velha cristandade, onde talvez um primeiro anúncio esteja agora perdido e esquecido, onde o terreno parece particularmente hostil, e forte é a tentação de deixar de lado para instalar-se em zonas mais rentáveis e seguras, onde a colheita é mais provável e não é preciso inventar nada novo.

Em toda parte e de toda maneira,
sempre e em cada coração

Quem somos nós para decidir por antecipação, como infelizmente acontece com frequência, que determinado contexto é terra agora fechada para sempre, para julgar que não vale a pena anunciar a páscoa de Jesus em determinados ambientes, que é tempo desperdiçado semear a Palavra em certos corações, que certas pessoas estão agora perdidas? Quem pensa assim, além da presunção de quem se arvora em juiz e da pobreza da sua experiência espiritual, simplesmente não descobriu a alegria do Evangelho, o *Evangelii gaudium*. De fato, não é livre para anunciar *sempre e de toda maneira* a boa notícia, *em todo coração e em todo ambiente, em todo tempo e estação, sem seleções e exclusões*. Em particular, sem preocupar-se em colher. Ele foi mandado semear, depois semear e, enfim, semear. Por toda a sua vida. "A alegria do Evangelho que enche a vida da comunidade dos discípulos é uma alegria missionária. [...] É um sinal de que o Evangelho foi anunciado... Mas contém sempre a dinâmica do êxodo e do dom, de sair de si mesmo, de caminhar e de semear sempre de novo, sempre mais além",[18] em toda parte, de todas as maneiras e a qualquer um, e sempre e também nos lugares que outros consideram inoportunos e inúteis. Quem age assim não o faz porque é um descuidado ou enganado, obsessivo ou apolítico, mas porque tem confiança que a semente por ele espalhada tem uma força própria intrínseca, e dará fruto; dará fruto no seu tempo, em geral não imediatamente, nem de modo por ele mesmo verificável nem previsível. O evangelizador é um semeador e continua a semear com grande constância e paciência, sem ficar nervoso, se não vê logo os frutos. Sabe que a colheita não cabe a ele. Assim como sabe também que colheu onde outros semearam.

A vida consagrada existe para isto, para semear, para semear na alegria, com coração apaixonado e criativo, para que a todos chegue o amor de Deus, a sua amizade e a sua misericórdia. Devemos constantemente nos perguntar

---

[18] *Evangelii gaudium*, n. 21.

sobre isto: mais sobre a alegria do anúncio que sobre a eventual colheita (talvez por sentir-nos culpados por causa da sua pobreza).

4 "Abraçar o futuro": mistério ou enigma

A segunda parte da expressão do Papa Francisco nos convida a confrontar-nos ainda com o sentido do futuro, mas desta vez em si mesmo, como tempo que nos aguarda. Veremos como também esse tipo de relação, absolutamente não teórica, leva-nos a descobrir um modo extremamente intenso e evangélico de entrar em relação com as pessoas e a cultura.

Já dissemos que o convite do papa a abraçar o futuro é entendido como uma provocação a não ficar ancorados no passado nem a lamentá-lo, obstinando-se a vê-lo como tempo ideal, como pedra de toque do presente, e de um presente destinado a perder o confronto com o passado "glorioso", e que por isso seria julgado negativamente.

Olhar para o futuro é sinal de inteligência crente e realista, positiva e otimista. É compreender que a história está nas mãos de Deus. E os consagrados, do ponto de vista do tempo, são pessoas do futuro, vivem projetados e tendidos para o amanhã, como desestabilizados no amanhã desconhecido de Deus.

No plano espiritual, isso quer dizer, antes de tudo, abertura para o sentido do *mistério*. É muito interessante aqui ver como a atitude espiritual pode determinar também a atitude psicológica e, mais concretamente, o modo como nos dispomos diante do futuro. Deus é mistério, e não podemos pretender compreendê-lo, nem entender qual será o futuro que preparou para nós, visto que o tempo pertence àquele que está fora do tempo. Aqui, porém, são possíveis duas leituras ou dois modos de entender aquele mistério que não se pode "entender".

Excesso de luz ou de trevas?

Por que Deus é mistério incompreensível?

Mistério luminoso

A resposta talvez possa surpreender: porque em Deus há *luz demais*. Deus é mistério incompreensível porque nele há um *excesso* de luminosidade, tanta que o nosso olho não a pode suportar, nem fica deslumbrado, incapaz de ver, se pretende fixar com o próprio olhar diretamente a realidade de Deus.

A ideia do mistério é, portanto, uma perspectiva positiva, e cheia de confiança e esperança, na realidade, pois, se é verdade que o excesso de luz impede o conhecimento imediato, é também verdade que o nosso olho pode adaptar-se, pode ser pacientemente educado a olhar aquele sol que é Deus, ou melhor, "o mistério de Deus".

É, substancialmente, o que aprendemos a fazer com a oração, que é um modo (ou "o" modo por excelência) de aprender a contemplar o mistério, a olhar Deus, a deixar-se olhar por ele, ou a deixar-se envolver e abraçar (outro abraço!) pelo seu olhar luminoso que ilumina todas as realidades da nossa vida, também aquelas que parecem difíceis ou impossíveis de compreender, como a dor, a morte, os fracassos, as injustiças, o amanhã, as crises.

Enigma tenebroso

Mistério incompreensível por excesso de trevas seria, ao contrário, *o enigma* que, precisamente, é o exato contrário do mistério luminoso. São duas perspectivas completamente diferentes, como a luz é o oposto das trevas; como dois modos de ver diametralmente opostos, cuja escolha – que todos fazemos de modos normalmente apenas implícitos e irrefletidos – pode incidir pesadamente sobre a nossa vida e sobre o nosso testemunho.

O mistério é bom porque é relacional, quer ser compreendido e comunicar-se com o homem; por isso nos manda continuamente mensagens e sinais.[1] O enigma, ao contrário, é impenetrável e te afasta e rechaça se te aproximares demais. Com o mistério, podes falar, podes procurar vê-lo e tocá-lo. O enigma, ao contrário, é como um ídolo feito por mãos do homem, que tem olhos mas não vê, ouvidos mas não ouve, mãos mas não toca, coração mas não se comove (cf. Sl 115,4-7); e nos torna sempre mais semelhantes a ele.

---

[1] Talvez possamos aplicar à ideia de mistério o que a Escritura diz a propósito da sabedoria: "A sabedoria é luminosa e nunca murcha. Facilmente é contemplada por aqueles que a amam, e é encontrada pelos que a procuram. Ela até se antecipa, apressando-se a mostrar-se aos que a desejam. Quem por ela madruga não se cansa, pois a encontrará sentada à porta. Meditar sobre ela é a perfeição do bom senso, e quem ficar acordado por causa dela em breve estará seguro. Pois ela mesma sai à procura dos que dela são dignos; cheia de bondade, mostra-se a eles nos caminhos e, em cada projeto, vai ao seu encontro" (Sb 6,12-16).

O mistério não só tem os sentidos, mas é cheio de sentido e te oferece a possibilidade de dar sentido à tua vida; o enigma é insensato e torna tudo sem sentido. O mistério é sensível; o enigma é insensível. O mistério, ainda, é cheio não só de luz, mas também de calor; o enigma é frio e metálico. O mistério te abraça, o enigma te ignora. O mistério quer bem a ti e quer o teu bem; ao enigma não importa muito a tua felicidade. O mistério atrai e pode ser contemplado; o enigma não é atraente e não se oferece ao olhar meditativo. O mistério te provoca, alarga os teus espaços e amplia os teus horizontes, te dá e junto te pede coisas grandes, o máximo que podes dar: por isso és tentado a resistir a ele, e podes até lutar com ele; o enigma não te provoca nem te pede para mudar, para ele estás bem como és, tudo é igual, sem ideais nem aspirações, no enigma. O mistério te indica a verdade como objetivo para o qual caminhar com toda a velocidade; o enigma zomba de todo percurso em tal direção, porque a verdade no mundo do enigma não existe, e se há, é inalcançável para as tuas forças. O mistério abre-te ao futuro sentido como amigo, que podes olhar com esperança; o enigma é desespero e medo, é incerteza de um futuro que não se sabe se haverá, e, se por acaso houver, é temido como inimigo e hostil. O mistério é divino e conduz ao divino; o enigma é diabólico e nos torna tenebrosos.

Talvez a alternativa entre mistério e enigma seja um tipo de alternativa inédita, com a qual não estamos acostumados, que ninguém nunca colocou diante de nós e que nunca percebemos diante de nós para um confronto e uma escolha. Na realidade, todos decidimos e continuamos a

ABRAÇAR O FUTURO COM ESPERANÇA

decidir, certamente não de modo totalmente consciente, mas inevitável, qual das duas alternativas privilegiar.

Se Deus é enigma

Por outro lado, é claro – se a alternativa for nos termos indicados por nós – que todos espontânea e conscientemente optamos pelo mistério, pois todos gostaríamos de estabelecer com Deus uma relação na lógica do mistério e a ele aberto. É possível, porém, antes provável, enquanto estamos nesta terra, que em tal relação haja também componentes enigmáticos, que sobrecarregam a relação com Deus, tornam-na difícil e incerta, instável e fria, obscura e superficial, pouco confidencial e talvez também medrosa, deformando na mesma direção oblíqua o rosto mesmo de Deus. E seria já um problema muito sério. No nosso contexto reflexivo, porém, é importante compreender que, na medida em que a relação com Deus contém componentes enigmáticos, haverá consequências na vida do sujeito em relação *consigo mesmo, com os outros e com a sua própria vocação.*

De fato, antes de tudo se tornará de algum modo enigmático o sujeito *crente*, desconhecido e obscuro a si mesmo, distante de si e negativo nos seus confrontos, com medo de dizer a verdade e incapaz de aceitar-se, às vezes até nervoso e raivoso consigo mesmo. A sua *oração* será enigmática, pouco aberta ao diálogo e insincera, escassamente afetiva e vivida mais como dever, como "prática de piedade", do que como experiência da beleza de Deus e da beleza de estar diante dele. Às vezes, será mais semelhante ao monólogo presunçoso do fariseu do que ao reconhecimento transparente e penitente do publicano (cf. Lc 18,9-14). Enigmática será a *leitura da Palavra de Deus* por parte de um leitor pouco propenso a deixar-se ler em profundidade pela Palavra e levado a defender-se diante dela ou a ficar num nível superficial de leitura. Consequentemente, enigmático será o seu *anúncio da Palavra*, fraco e pobre de paixão, incapaz de tocar o coração de quem escuta e amiúde difícil de entender, paradoxalmente contradito pela pretensão de saber tudo da Palavra, de explicar tudo, de dar resposta a tudo. Enigmática será a *formação* que oferece aos outros, ou seja, dispersiva e superficial, mais atenta à honestidade comportamental que à conversão da sensibilidade, para que seja a de Cristo Jesus, o tesouro da vida. Também a *relação com os outros* será obscura e insincera, privada de profundidade e da liberdade de abandonar-se ao outro, com medo de estabelecer amizades e de se encarregar do outro.[2]

Por isso existirão *comunidades* e *fraternidades* enigmáticas, sem transparência e partilha dos ânimos, sem rosto e anônimas, nas quais toda dificuldade de caráter terá poder turbulento e cada um será um perfeito desconhecido do outro. E até o *apostolado* poderá tornar-se enigmático, confuso, sem paixão e incapaz de dizer Deus e seu amor,

---

[2] A ideia de Deus como luz, e da nossa vida tornada luminosa se estivermos em comunhão com os outros, está explícita na Primeira Carta de João: "Deus é luz e nele não há trevas... Se caminhamos na luz, como ele está na luz, então estamos em comunhão uns com os outros... Aquele que diz estar na luz, mas odeia o seu irmão, ainda está nas trevas" (1Jo 1,5.7; 2,9).

enquanto o *apóstolo* será avaliado mais pelo que ele faz do que pela capacidade de se referir ao mistério; e ele mesmo procurará mais suscitar consensos para a sua pessoa que anunciar com liberdade a beleza do Evangelho. Também o *testemunho* da vida consagrada será ineficaz e ambíguo, e a própria *vida consagrada* poderá acabar sendo enigmática e ambígua, considerada e apreciada pelo seu empenho no social e a sua competência em vários âmbitos, e não pelo mistério que ela vive e ao qual se refere; será sempre mais incapaz, de fato, de indicar a fonte misteriosa do seu agir, de comunicar a nostalgia do Eterno, de contar o seu amor misericordioso e misterioso, porque sempre grande demais.

A esta altura é claro que será difícil construir o futuro.

No coração do mistério

Então é preciso preparar o futuro... de longe, preparando os apóstolos de amanhã como anunciadores do mistério, e não como membros de uma ONG, como diz frequentemente o Papa Francisco. Do consagrado, de fato, se pode dizer o que o Padre Fuschini dizia do padre, como homem de carne "mas com a extensão no mistério".[3]

Formação mistagógica

O modo melhor e mais coerente de formar anunciadores do mistério é o de respeitar, antes de tudo, o mistério

---

[3] Vai sempre nessa linha "misteriosa" a afirmação de Simone Weil acerca da figura do padre (e do consagrado) que "só é compreensível se há nele algo de incompreensível".

da pessoa humana e da chamada, com um percurso formativo que saiba incidir sobre o coração e sobre a sensibilidade, para que sejam sempre mais coração e sensibilidade do Filho, do Servo, do Cordeiro. Este é, de fato, o objetivo final da vida consagrada, como nos recorda a Exortação apostólica pós-sinodal *Vita consecrata*.[4] O convite a ter em nós os sentimentos de Jesus é um convite explícito que nos impede de continuar a pensar a formação como algo privado, ainda que fosse algo perfeito, e tampouco como um programa que atinja apenas o lado exterior do indivíduo ou que se contente com a honestidade da conduta. É um convite para que a formação seja, ao contrário, um processo que incida profundamente no sujeito, que não tema conduzi-lo a descobrir as suas inconsistências e enigmaticidades, o que o torna medíocre e contraditório, medroso de se revestir com os sentimentos de Jesus, temeroso em ir ao encontro do mistério da sua páscoa de morte e ressurreição, assim como ao encontro dos outros com a sensibilidade do Pai revelada no Filho.

Tudo isso se torna ainda mais importante e indispensável se compreendermos profundamente o que foi dito no capítulo precedente. Se o nosso anúncio hoje é dirigido a uma sociedade que reconhecemos e queremos reconhecer como pré-cristã, e a uma cultura na qual aprendemos a identificar as características da espera – ainda que inconsciente – de Deus, ou seja, se se trata de desenterrar o desejo

---

[4]　Segundo esse texto, a formação é "um itinerário de progressiva assimilação dos sentimentos de Cristo para com o Pai" (*Vita consecrata*, n. 65).

ou o mistério do Deus sepultado debaixo de, quem sabe, quantas camadas de sensações, atrações, gostos, ambições, perspectivas existenciais, enigmas contrários, então é preciso *aprender e depois ensinar a chegar ao coração humano, ao seu mistério profundo; aquele mistério que o homem é e que o ser humano sempre leva consigo*.[5] Ou passar das características da formação que poderíamos chamar, também, de enigmática (indiferente e superficial, embora devota, sem um forte centro de atração e de forte incidência) para aquela *misteriosa ou mistagógica*, que tem o mistério pascal como ponto de partida e objetivo final, e que alcança e muda o coração.

É indispensável formar pessoas que aprenderam esse *caminho do coração* antes de tudo na sua caminhada *pessoal* e que, exatamente por isso, poderão depois fazer a mesma operação com o coração do outro. Exatamente como diz Newman: *"cor ad cor loquitur"*. Porque o desejo de Deus está presente no mais profundo do coração humano, "doente de Deus", poderíamos dizer, incuravelmente tendendo para ele; com um desejo muitas vezes coberto por um manto

---

[5] É inevitável pensar no discurso de Paulo no areópago de Atenas: "De pé, no meio do Areópago, Paulo tomou a palavra: Atenienses, em tudo eu vejo que sois extremamente religiosos. Com efeito, observando, ao passar, as vossas imagens sagradas, encontrei até um altar com esta inscrição: 'A um deus desconhecido'. Pois bem, aquilo que adorais sem conhecer, eu vos anuncio" (At 17,22-23). Paulo reconhece que os atenienses são "em tudo extremamente religiosos". Ele mostra aqui uma grande capacidade intelectual e espiritual de ler no coração humano a espera inconsciente de Deus! Seríamos nós capazes de dizer a mesma coisa a esta sociedade e cultura de hoje (que não é dito que seja pior que a Atenas daquele tempo)?

de sentimentos contrários, mas que nunca poderão apagar. Por isso, é importante formar consagrados que saibam reconhecer aquele desejo do divino sobretudo na *própria experiência espiritual*, e em todas as formas nas quais ele se apresenta ou se esconde, se declara de modo explícito ou parece ausente, no consciente mas também no inconsciente, na força virtuosa mas também na fraqueza sofrida, quando Deus é esperado e, também, quando é temido.

O espiritual está dentro do psicológico, também naquele dissonante

Por outro lado, é o que nos recorda a análise psicológica: *o espiritual está dentro do psicológico*,[6] tanto que o encontramos também nos níveis "baixos" ou consideramos menos nobres ou demasiado e apenas humanos, porque é também dentro de tais níveis que Deus se diz ou pode ser dito. E não só, *o espiritual está também dentro do psicológico que é dissonante com o espiritual*. A presença misteriosa de Deus em nós não se faz reconhecer apenas numa vida convertida, mas se serve também daquela não convertida, insinuando nela, por exemplo, a suspeita de que haja algo mais que aquilo que o sujeito está realizando, buscando, pensando, desejando, amando. Por isso, Deus está vivo e

---

[6] Mais precisamente, no sujeito concreto o espiritual raramente existe no estado puro. Para exprimir-se, usa mediações e percursos psíquicos, adotando-os, normalmente, no respeito das leis que governam aqueles percursos. Parafraseando Santo Tomás, poderíamos dizer que o mistério se serve da natureza inferior para exprimir aquela realidade que em toda a sua plenitude compete à natureza superior.

atuante e deixa traços de si *também numa existência plasmada pelo sujeito de modo desordenado.*[7]

Por isso, se o mistério não se torna presente apenas no estado puro, não me pede necessariamente ou apenas para apagar, tirar, excluir, cortar, extirpar a parte humana menos pura, mas também para aprender a *tolerar, dar sentido, suportar, compartir, assumir, coexistir com* o existente. É a via da concepção ou da encarnação. Mas é ainda, e, sobretudo, o modelo *da integração*, que exatamente aqui mostra o seu lado mais espiritual, como modelo da *recapitulação em Cristo.*[8] Enquanto plasmo a minha vida de certa forma, o mistério usa aquelas experiências de vida para inspirar e sugerir-me outras formas, mais humanamente saudáveis e fecundas.

Das periferias do coração às periferias da missão

Também aqui talvez haja uma ideia de espiritualidade que é necessário rever, porque pode ter notáveis implicações sobre a missão e o modo de entendê-la. Aquela ideia que identifica rápido demais o encontro com Deus – a

---

[7] É exatamente com base nesse princípio, pelo que parece, que o Papa Francisco pede, em *Amoris laetitia*, para discernir os traços de Deus e da sua ação também nas situações dos casais irregulares e chegar a identificar o "bem possível" que tais pessoas podem realizar dentro da comunidade crente, sem se limitar ao julgamento moral (cf. *Amoris laetitia*, n. 305; cf. também: BIEMMI, E. Nella luce della pastoralità. *Testimoni*, n. 4 (2017), p. 44).

[8] Sobre este modelo, permito-me remeter ao meu livro: *L'albero della vita. Verso un modelo di formazione iniziale e permanente.* Cinisello Balsamo (MI): San Paolo, 2005.

experiência de Deus ou a vida espiritual em geral – com a própria honestidade moral, com as próprias conquistas, com a própria perfeição mais ou menos presumida, com a derrota e a eliminação de todo "espinho na carne", como pensava Paulo, talvez um pouco seguro demais de si e certo de que o seu modo de entender coincidia com o de Deus (cf. 2Cor 12,7-10).

A graça na fraqueza

"Basta-te a minha graça; pois é na fraqueza que a força se realiza plenamente" (2Cor 12,9). É a resposta que o Senhor dá ao pedido de Paulo, resposta deveras misteriosa, exatamente porque cheia de luz deslumbrante, dentro da qual o apóstolo entrevia pouco a pouco algo absolutamente extraordinário e assim diferente da sua pretensão: a graça de Deus habita a vida, toda a vida, e nos é dada já em abundância ("basta-te") em toda experiência e dobra existencial: não é o caso de pedir em demasia, como crianças incontentáveis.

Mais em particular, a manifestação mais plena de tal graça está nas *periferias* da vida de cada um, onde o homem experimenta e sofre a própria fraqueza e, portanto, exatamente onde o homem nunca teria ido buscá-la ("a força se manifesta plenamente na fraqueza"). A reação de Paulo, que mostra ter compreendido a lição,[9] vira a sua precedente presunção narcisista numa gabação inédita: "gloriar-me-ei das minhas fraquezas", que revela um modo

---

[9] Provavelmente é aqui que se completa o processo de conversão de Paulo, iniciado na estrada de Damasco.

completamente diferente de se colocar diante de Deus e, por conseguinte, diante do homem e da mulher de hoje e dos seus medos e defesas, expectativas e pretensões, inquietações e indiferença em relação com o divino.

A periferia interna "cria" a externa

Devemos entender que há uma ligação sutil e tenaz entre as periferias da vida de cada um: as *internas* a nós e estritamente pessoais, que são parte de cada um, mesmo se nunca ou pouco visitadas; e aquelas *em redor* de nós, lugares, ambientes e pessoas mais ou menos distantes de nós. Uma ligação que podemos formular nestes termos, quase uma lei psicológica: *o tipo de relação que alguém estabelece com a sua periferia interior pessoal inspirará de algum modo também a relação com as periferias exteriores a si e ao seu mundo.* Dito de outro modo e mais em síntese: a periferia interna "cria" a externa. De fato, se rejeito uma parte de mim, serei levado a fazer o mesmo com qualquer um ou com qualquer situação da minha vida pessoal, social ou comunitária.

De algum modo precisarei agir assim, para descarregar um peso interno mais ou menos insuportável. De fato, quanto mais um peso é sentido como insuportável, mais terei de descarregá-lo. Se vivo uma relação separada ou ambígua com uma parte de mim e tenho medo de entrar em contato com ela, é provável que manifeste a mesma atitude de rejeição com algumas pessoas que podem também conviver comigo; ou é fácil que eu tenha ou construa para mim certo número de periferias no meu ministério ou missão, lugares humanos que não frequento nunca. Quanto mais problemas tiver com uma parte de mim ou da minha história, mais provável será que eu acabe por considerar não importantes algumas categorias de indivíduos ou de ambientes (dos pobres aos migrantes, de quem é de certa coloração política a quem não frequenta a Igreja), ou que considere tempo perdido anunciar ali o Evangelho, e não me sinta absolutamente enviado também a eles (com várias justificações: "Não compete a mim" ou "não está no nosso carisma" etc.). A não integração interna provoca, antes ou depois, desintegração externa.[10] Apesar de tudo, há uma profunda e sutil coerência entre o dentro e o fora de si. E muitas vezes é exatamente o tipo de conduta relacional, especialmente quando é espontânea e a sustentamos com certa teimosia, que revela as nossas contradições interiores.[11]

Aquela zona ainda a evangelizar do próprio coração

Talvez seja exatamente por isso que o Papa Francisco nos solicita a ir para as periferias. Estamos, porém, atentos a não interpretar a operação em termos redutivos, como

---

[10] É a consequência do princípio segundo o qual aquilo que não é integrado no sujeito se torna desintegrador.

[11] Nesse sentido, um comportamento hoje tão frequente, como aquele de quem rejeita os estrangeiros ou gostaria de marginalizá-los para proteger-se, provavelmente revela que esse, antes de tudo, não está em paz consigo mesmo ou que há alguma parte de si não integrada, que quereria excluir, se pudesse, ou que tende a ignorar, de quem de fato não conhece grande coisa (como se formou, de que é sinal, ao que visa...) e que nunca foi submetido à formação. Há uma lógica interna em todos os nossos comportamentos que, sem dúvida, nos faria muito bem descobrir. Noutras palavras, o migrante rejeitado poderia ser um pedaço do meu eu rejeitado!

simples apelo missionário ulterior a ir para terras ou ambientes distantes, talvez nos esquecendo daquela terra dentro de nós que ainda está por evangelizar? Nem nos iludamos por poder improvisar a experiência *ad extra* com espírito mais ou menos aventureiro, ou realizá-la sem passar realisticamente através das nossas periferias pessoais, aonde quase nunca vou, onde deixei crescer cizânia ou abrolhos e espinhos que impedem que a Palavra crie raízes, onde permanecem medos antigos, recordações amargas, violências sofridas ou impostas, feridas ainda abertas, instintos que parecem selvagens, sensações e emoções nunca educadas, atitude mais pagãs que cristãs, perdões não concedidos, conflitos não digeridos, hábitos dos quais ainda sou escravo, pedaços e segmentos de vida passada nunca integrados nem implicados em torno do mistério pascal, espinhos vários na carne (ou "enviados por Satanás", para dizer com Paulo): toda uma realidade pessoal caótica que – deixada a si mesma – funciona como resistência e defesa contra o Evangelho, não me deixa captar a sua verdade e beleza.

Descobrimos, porém, que também ali, como brasas debaixo das cinzas, está vivo um desejo ou uma expectativa de Deus, uma necessidade de sentido e de salvação, de ordem e transparência, de beleza e de verdade. *Deus está ali também*, e essas situações podem tornar-se como um percurso que leva a ver o rosto do Deus misericordioso, cuja força se exprime na fraqueza, cuja luz brilha nas trevas. Ou *Deus está além de tudo isso*, naquele *point vierge*, como o chama Thomas Merton, aquele "ponto virgem" presente em toda criatura,[12] ou naquelas raízes do eu em que a memória do Criador e o desejo de Deus estão vivos e intactos, puros e incontaminados, além de todas as incrustações e inconsistências, medos e barreiras defensivas também nos confrontos do divino, e onde a cada um é dado reconhecê-lo.[13]

Tudo isso é experiência fundamental para quem quer anunciar o Evangelho da misericórdia. Qual anúncio pode ser tão convincente como aquele feito por quem percorreu esse itinerário, para ser, no fim, acolhido e abraçado por Deus? Não é essa exatamente a alegria do Evangelho, a alegria misteriosa e luminosa de quem anuncia ao outro uma notícia que antes encheu de alegria a sua vida?

Escolhas para o futuro

Por isso são fundamentais hoje escolhas estratégicas para construir o futuro, para que não nos encontre despreparados; escolhas que talvez não pareçam dar resultado imediato, mas que preparam, no tempo, pessoas sólidas e consistentes, que aprenderam a captar o mistério dentro e fora de si, na força e na fraqueza; a construir a sua vida em torno do mistério pascal, sem deitar fora nada da sua história; pessoas capazes de enfrentar o amanhã neste tipo particular de cultura e de sociedade, livres para escolher o

---

[12] É exemplar a atitude de Jesus e a sua capacidade de intervir nessa zona não contaminada nos seus encontros com os pecadores e em cada pecador (ver, um por todos, o encontro com a adúltera: cf. Jo 8,1-11).

[13] MERTON, T. *Diario di un testimone colpevole*. Milano: Garzanti, 1968, p. 157, apud M. W. Higgins, *Sangue eretico. La geografia spirituale di Thomas Merton*, Milano, Garzanti, 2001, p. 230.

ABRAÇAR O FUTURO COM ESPERANÇA

caminho do coração para comunicar-se com o homem e a mulher de hoje. Pessoas que saibam fazer escolhas sobre em que investir no futuro, que saibam ver longe, previdentes. Eis algumas.

1. Concentrar o caminho de crescimento na *formação da sensibilidade*, do mundo interior da pessoa, formação que – muito concretamente – parte da atenção aos sentidos (externos e internos) e se propõe a evangelizar não só e primariamente os comportamentos, como se tende a fazer geralmente, mas também as sensações e as emoções, os gostos e os desejos, os sentimentos e os pensamentos, os afetos e as paixões, os critérios eletivos e morais, consciente e inconscientemente. Todo esse rico mundo interior é o lugar da conversão e da formação de quem, por um lado, é chamado a ter a mesma sensibilidade de Cristo Jesus (cf. Fl 2,5) e, por outro lado, deve aprender a chegar ao coração dos homens e das mulheres de hoje, à sua sensibilidade, para anunciar uma notícia boa e alegre, ouvida como verdadeira e vital. O verdadeiro problema da evangelização – seja ela nova ou velha – não será, talvez, o de viver e partilhar a alegria do Evangelho, por parte de quem anuncia e de quem recebe o anúncio? Temos uma notícia absolutamente extraordinária a dar, que é a de que todo ser vivo, por sua natureza enamorado da vida, procura e gostaria de ouvir dizer que viveremos para sempre, num reino de luz infinita, amados por Deus desde e por toda a eternidade. Só quem educou a sua sensibilidade para contemplar esse mistério luminosíssimo e para gozar dele pode anunciá-lo, esperando tocar o coração de quem escuta. Suscitando alegria.

2. *Preparar os formadores*, para serem peritos exatamente naquele percurso educativo-formativo do qual falamos, pessoas que aprenderam o percurso da integração da sua humanidade pessoal e, também, a descobrir Deus na sua fraqueza; crentes que formaram à luz do Evangelho gostos e desejos, atrações e aspirações, e que exatamente por isso sabem acompanhar outros na mesma caminhada; capazes de relação educativa, a mais significativa das relações, livres para acender o coração e transmitir a paixão do anúncio e do testemunho.

3. *Fazer bem os discernimentos vocacionais*, com coragem e sem medo da nossa extinção, especialmente à luz da qualidade fundamental que todo consagrado deve possuir, ou a *capacidade relacional iluminada pela alegria do Evangelho*. Atenção, portanto, ao fenômeno da "seleção adversa", ou seja, à possibilidade ligada em geral à mediocridade do testemunho ou à ambiguidade do anunciador, para atrair exatamente as pessoas menos aptas a viver a consagração desse ponto de vista, ou seja, os tipos vocacionalmente ambíguos, como aqueles que são fechados ou autossuficientes, os sujeitos associais, os perenemente tristes que semeiam depressão; mas também quem não sabe estar de pé nas próprias pernas, ou os narcisistas que devem estar sempre no centro da relação ou que usam e exploram a relação para os próprios interesses subjetivos. Atenção a quem interpreta a consagração como instrumento de perfeição privada e não como responsabilidade para a salvação do outro; assim como é preciso reconhecer quem busca na comunidade um local onde se esconder ou um seio materno que o mime, ou um lugar onde se proteger das maldades do mundo e onde

pode fazer o que lhe convém. É preciso que sejamos muito rigorosos no que diz respeito ao critério vocacional da capacidade relacional, modelada sobre a liberdade dramática do Filho obediente, do Servo sofredor, do Cordeiro inocente,[14] e sobre um itinerário pascal.

4. Propor *caminhos pedagógicos que unam o caminho de busca pessoal da própria verdade com estar diante do mistério de Deus*, ou percursos que saibam unir o aspecto humano com o aspecto teológico, o psicológico com o espiritual, a identificação das suas fraquezas com a descoberta de que nelas está escondida uma graça misteriosa, a ascética com o trabalho sobre a própria sensibilidade, a renúncia com a alegria do coração, para preparar sempre mais consagrados que sejam verdadeiros homens, verdadeiras mulheres, que vivam com toda a riqueza da sua humanidade a relação com Deus e o seu mistério, livres para encontrar vias novas e inéditas para ir a ele e fazer sentir a sua presença, com a rica equipagem dada ao homem. Consagrados livres para amar quem mais é tentado de não se sentir amado, os descartados desta sociedade sempre mais excludente. Temos sempre mais necessidade hoje de consagrados místicos, poetas que saibam cantar a beleza do Eterno, artistas da relação com Deus, mas também apóstolos da caridade, defensores dos pobres diante dos poderosos, pastores que têm "cheiro" de ovelha, mártires que ousaram frequentar as periferias.

---

[14] Parecem-me os traços essenciais que caracterizam a personalidade do Verbo Encarnado e, portanto, de quem é chamado a ter os seus sentimentos.

5. Outra escolha estratégica é *criar finalmente projetos de verdadeira formação permanente para a relação*, como itinerários formativos para as diferentes idades da vida. Mas que partam da formação do coração *docibilis*, de quem aprendeu a aprender a vida da vida para toda a vida, ou de quem aprendeu a aprender de cada relação, com qualquer pessoa, tanto do santo como do pecador, do amigo como do adversário, do crente como do não crente, do adulto como da criança. Ou a *docibilitas relationalis*, verdadeira *conditio sine qua non* de todo anúncio e toda missão. É necessário parar de pensar a formação permanente segundo uma concepção antediluviana, como os cursos de atualização, espiritual ou pastoral, que no máximo podem visar à reciclagem do sujeito e do que ele aprendeu há algum tempo. Se a formação não é de todo dia, e não acontece nas realidades comuns da existência cotidiana, na comunidade para a qual se foi enviado e cumprindo a missão confiada, recaímos ainda na ideia da formação permanente extraordinária, que é uma contradição nos termos: como se pode dizer permanente o que é extraordinário? Então não teria mudado nada.

5 | "ABRAÇAR O FUTURO COM ESPERANÇA": MISSIONÁRIOS OU DEMISSIONÁRIOS

A *Carta* do papa nos indica a atitude com a qual abraçar o mundo e construir o futuro: a *esperança*. Estas são as suas palavras:

> A esperança de que falamos não se funda sobre números ou sobre as obras, mas sobre Aquele em quem pusemos a nossa confiança (cf. 2Tm 1,12) e para quem "nada é impossível" (Lc 1,37). Esta é a esperança que não desilude e que permitirá à vida consagrada continuar a escrever uma grande história no futuro, para o qual se deve voltar o nosso olhar, cientes de que é para ele que nos impele o Espírito Santo, a fim de continuar a fazer, conosco, grandes coisas. Não cedais à tentação dos números e da eficiência, e menos ainda à tentação de confiar nas vossas próprias forças.[1]

Da esperança talvez tenhamos uma ideia fraca, veleidosa, um pouco passiva, quase medrosa. Claro que, se a esperança é fraca, são fracas também a fé e a caridade, as suas irmãs "virtuosas", ao passo que – positivamente – uma esperança forte não só diz o ótimo estado de saúde das outras duas, mas de algum modo dá a elas, e a quem tem esperança, certa cor e calor, o que comumente é também contagioso. A virtude da esperança, a virtude "pequena",

---

[1] FRANCISCO. *Carta apostólica às pessoas consagradas para proclamação do ano da Vida Consagrada*, I.3.

como a chamava Charles Péguy, é o que surpreende Deus ainda hoje.[2] Virtude da qual todos sentimos uma enorme necessidade, que diz verdadeiramente o que nos falta e parece faltar-nos sempre mais. Virtude que é a alma do verdadeiro missionário, que lhe dá a força e a coragem de enfrentar as situações mais difíceis, de reconhecer as áreas em que o desespero é mais pesado. Virtude que decide se nós seremos missionários ou demissionários.

Poderíamos também não saber se a vida consagrada terá um futuro ou, melhor, se nós, consagrados e consagradas de hoje, teremos um futuro, mas uma coisa é certa: se soubermos reconhecer e acolher em nós o desespero que hoje serpeia no mundo atual, procurando responder com coração compassivo, porque certos da força que vem do alto, seremos construtores de esperança e teremos

---

[2] Péguy faz Deus dizer assim: "A fé não me surpreende. Não é surpreendente. Resplandeço totalmente na minha criação. No sol, na lua e nas estrelas. Em todas as minhas criaturas... A caridade infelizmente é evidente. Para amar o próximo basta deixar-se ir, basta olhar uma desolação semelhante. Para não amar o próximo, seria preciso fazer violência a si, torturar-se, atormentar-se, contrariar-se. Endurecer-se. Fazer mal a si. Ser e fazer o inverso. Restabelecer-se. A caridade é toda natural, impetuosa, simples, bastante. É o primeiro movimento do coração. É o primeiro movimento que é o bom. A caridade é uma mãe e uma irmã. Para não amar o próximo, menina, seria preciso tapar os olhos e os ouvidos. A tantos gritos de desolação... Mas a esperança, a esperança, sim, que me surpreende. Isso sim é surpreendente... A esperança, diz Deus, que aqueles pobres filhinhos veem todos os dias como vão as coisas. E que todos os dias cremos que amanhã de manhã será melhor... Isso me confunde. Isso é demais. Eu mesmo não consigo convencer-me disso. E é preciso que a minha graça seja deveras grande" (PÉGUY, C. *Il portico del mistero della seconda virtu*. Milano: Jaca Book, 1978, p. 1, 17, 95-96).

correspondido plenamente à nossa vocação. Se, por outro lado, a nossa primeira preocupação for a de tomar distância para não nos deixarmos contaminar com o sofrimento que há no mundo, acabaremos sendo também nós contaminados por esse terrível vírus: a desconfiança; e, o que é pior, o espalharemos em redor de nós.

Vejamos concretamente uma única área onde hoje nos é pedido sempre mais para sermos homens e mulheres de esperança num mundo desesperado, no qual são abundantes os motivos de desespero. Estar presente nessa área significa concretamente ser missionários de esperança neste mundo e na Igreja do Papa Francisco; o contrário significaria ser demissionários.

A coragem de chorar ou de "fazer ruído"

Não sabia que na língua sânscrita, língua-mãe das línguas indo-europeias, as lágrimas são literalmente *o que faz ruído*. Este significado é bastante singular. Portanto, se Qohelet diz que há tempo de chorar (Ecl 3,4), poderíamos dizer que esse é também o tempo de fazer ruído.[3] Barulho por quê? Se pensarmos nas nossas lágrimas... institucionais, reconheceremos que estamos habituados a chorar, mais ou menos ruidosamente, pelos nossos problemas, pela diminuição das vocações e pelo obrigatório encerramento das nossas obras, pela perda do nosso peso social político

---

[3] Cf. POTENTE, A. C'è un tempo per piangere..., c'è un tempo per fare rumore. *Cambonifem. Mondo, donna missione*, n. 81 (2015), p. 11, 31. Inspirei-me nesse provocante artigo para este parágrafo.

e, talvez, também eclesial; em suma, por nós mesmos e pelas coisas que não vão bem para nós. Não sei se essas são lágrimas benditas, aquelas que Deus recolhe no seu odre (cf. Sl 56,9). Certamente são lágrimas muito autorreferenciais. Portanto, de pouca qualidade, tanto psicológica como espiritual.

Há, porém, outras lágrimas que deveríamos hoje aprender a derramar, e exatamente no sentido autêntico da expressão, como vimos, ou lágrimas "ruidosas", ou "fazendo de algum modo barulho", gritando, se necessário. Por alguma coisa que mereça atenção porque ofende o ser humano e diante da qual a ninguém é lícito ficar indiferente, muito menos para quem quer anunciar àquele mesmo ser a sua dignidade, ou seja, que o torna precioso aos olhos de Deus. Lágrimas, por exemplo, causadas pela violência que nos cerca, e que impede uma relação humana serena e pacífica. Violência de todo gênero: contra os fracos e contra os pequenos, contra quem não pode reagir e que não conta nesta sociedade, contra os migrantes e contra quem não tem amigos no alto, contra quem não pode chegar à vida e contra quem não tem uma vida digna, contra as mulheres e os pobres, contra os idosos e seus doentes, contra a terra e os seus bens, contra a família e quem está só; violência que sempre mais põe em perigo aquele bem precioso para a existência de cada homem, que é a paz, a harmonia relacional, a confiança recíproca. Violência que está tornando-se sempre mais terror, terrorismo, guerra, uma espécie de terceira guerra mundial, guerra "aos pedaços", diz Papa Francisco, e que já fez derramar lágrimas demais.

ABRAÇAR O FUTURO COM ESPERANÇA

São problemas maiores que nós, dirá o habitual tipo prudente, aquele "com os pés no chão", doente daquele maldito realismo que não sabe sonhar e que tão frequentemente nos leva ao imobilismo e à mediocridade. Tal realismo é muito conveniente para nós, mas também nos custa um preço altíssimo, o preço da nossa credibilidade.

Qual credibilidade?

O que a vida consagrada pode fazer? O que podemos fazer nós que já rezamos todos os dias pela paz? Mas, pergunta-se provocativamente alguém – e é o caso de todos nos perguntarmos –, "de onde pensamos que vem essa paz? Do alto? Da abóbada celeste dos deuses?".[4] Não é exatamente a nossa consagração a Deus pelos homens e pelas mulheres do nosso tempo que nos deveria colocar em condições de gritar, de fazer barulho, de ter a coragem de ir até o fundo em nossa parte de crentes no Deus da paz e de artífices, portanto, de paz? Não nos podemos permitir ficar de fato neutros e inertes, sem fazer praticamente nada, sem levantar a voz nem nos sentir no dever de criar ou sustentar uma cultura, uma mentalidade e sensibilidade ou percursos pedagógicos, individuais e comunitário-sociais, que vão numa direção precisa. Não é essa a nossa missão?

Mutismo e cumplicidade

Celebramos o Ano da Vida Consagrada, mas quem na Igreja se deu conta? Podemos acaso falar de uma atenção eclesial, que envolveu o povo de Deus, voltada a esta forma

---

4   Ibid.

de vida tão importante desde sempre na história da Igreja? Evitemos, porém, bancar os ofendidos e, antes, se não houve essa atenção, interroguemos antes de tudo a nós mesmos, por exemplo, sobre aquela nossa estranha afasia que nos impede de dizer a bem-aventurança do construtor de paz numa sociedade sem paz e nos faz usar uma linguagem que deve forçosamente agradar a todos. Perguntemo-nos como a vida consagrada, expressão da fantasia criativa do Espírito, se tornou de repente velha (não só pelo aumento da idade cronológica) e repetitiva, muitas vezes sem ideia nem imaginação, com sentido muito escasso da missão.[5] Indaguemo-nos sobre aquela nossa incapacidade de chorar lágrimas verdadeiras, que façam verdadeiramente barulho, ou sobre aquela tendência a nos lamentarmos ou, pior ainda, sobre aquela insensibilidade – dureza de coração – que não nos faz mais chorar por nada.

> É absurdo e triste que quem foi levado até a ousar relações diferentes, além dos laços familiares institucionais, que deixou mãe e pai, irmãs, irmãos, campos e casas... hoje pense que diante da violência dos fortes, das guerras rigorosamente estudadas e, portanto, queridas, dos rios da falsidade de quem diz ter amor pelo humano e pelo cosmos, não se possa fazer nada.[6]

---

[5] Leio esta inquietante provocação acerca do estado atual da vida consagrada: "Quantos consagrados hoje creem sinceramente que não haja mais uma missão a cumprir?" (R. Ruiz Aragones apud L. A. Gonzalo Diez, Ni triunfantes ni acomplejados... en transformación, *Vida religiosa* 2 [2017], p. 57).

[6] POTENTE, A., op. cit., p. 31.

Por que a vida consagrada é tão silenciosa, levantando a suspeita de ser quase indiferente e sem paixão, com o risco pouco a pouco de tornar-se, às vezes, *cúmplice* dessa violência, como um monstro de muitos tentáculos. Cúmplice pela falta de coragem da denúncia. Mas cúmplice também em sentido muito real, porque de fato demos infelizmente a nossa contribuição para essa lógica da violência. Veja os tristíssimos episódios dos escândalos e abusos. Os sexuais, antes de tudo, os mais horripilantes; mas também escândalos de outro gênero: abusos de dinheiro desperdiçado, de bem-estar exibido, de comodidade refinada, por parte de homens de Igreja e até de consagrados e consagradas, como indivíduos e como grupo e comunidade, em tempos nos quais muitas pessoas conheceram e sofreram situações de pobreza e grandes dificuldades,[7] abusos que tornaram de fato pouco credível o nosso testemunho acerca de dois aspectos particularmente emblemáticos da nossa consagração: a pobreza e a virgindade pelo Reino. Episódios gravíssimos em si mesmos, mas também, e talvez mais ainda, pela reação ou pelo tipo de interpretação que deles deu a massa dos consagrados (ou seja, todos nós) e ao qual

---

[7] Causou-me impressão o que uma faxineira de um grande instituto confessou há pouco tempo, surpresa: "Quando de manhã passo pela porta da comunidade religiosa na qual trabalho, me parece entrar noutro mundo em relação àquele em que vivo com a minha família nestes tempos difíceis: um mundo sem problemas de dinheiro, de contas no vermelho, de dívidas a pagar, de economias e poupanças a fazer à força, de renúncias a comodidades várias (e não só), de ânsia pelo amanhã, de preocupação pelo trabalho, pelo futuro dos filhos. Ali tudo é tranquilo e seguro, cômodo e certo. O voto de pobreza é certamente de bem-estar garantido?".

fizemos rápida referência, primeiro, reação apenas (auto) defensiva, muito pouco sofrida e menos ainda arrependida, preocupada, sobretudo, em manter as distâncias de quem tinha cometido essas transgressões e redimensionar o seu alcance e gravidade ou, até há pouco tempo, mais preocupada em proteger a boa fama do homem de Igreja protagonista dos abusos, do que de compreender e acompanhar o sofrimento da vítima; mas quanto Evangelho há numa Igreja tão voltada para si mesma e tão pouco semelhante ao sem Senhor e aos seus sentimentos?

O que impressiona de modo particular acerca da reação e da interpretação dos escândalos por parte da maioria (ou dos "observantes") foi, e continua a ser, a substancial *não assunção de responsabilidade* desses comportamentos vergonhosos, como se dissessem respeito apenas a uma minoria desaparecida de pessoas perversas ou doentes, portanto, já menos responsáveis.[8] Como se não fosse mais verdadeiro que, quando sucedem essas coisas terríveis numa instituição como a Igreja, a *responsabilidade é de todos, ainda que de modos diversos*, pois *a queda escandalosa de poucos é*

---

[8] Sabemos bem, a este respeito, que não é necessária a interpretação clínico-patológica para explicar os abusos sexuais que, na maioria das situações (com exceção dos casos de pedofilia, nos quais é possível uma raiz patológica), foram praticados por pessoas originalmente sadias, no plano psicológico, e que só progressivamente se tornaram dependentes de certo estilo de vida que passou a ser sempre mais dominante. É a lógica do chamado "plano inclinado", que inicia comumente com concessões leves e veniais, e que pouco a pouco pode conduzir a pessoa à perda da liberdade e aonde nunca teria pensado que poderia chegar (cf. CENCINI, A. *È cambiato qualcosa? La Chiesa dopo gli scandali sessuali*. Bologna: EDB, 2016, p. 67-96).

comumente a consequência da mediocridade de muitos. Tal tipo de interpretação dos abusos é como um escândalo no escândalo, ou talvez exatamente este seja o verdadeiro escândalo e o verdadeiro problema sobre o qual intervir,[9] a saber, essa *falta de assunção da responsabilidade geral*, como uma leitura e interpretação escandalosa.

E esta, de novo, é também expressão de incapacidade relacional. A responsabilidade, de fato, exprime o ser adulto, aquele que se encarregou com honestidade dos seus erros, mas que se sente envolvido também naqueles outros.[10] Enquanto a falta de assunção de responsabilidade está a dizer exatamente a *não consciência da mediocridade pessoal e geral*, aquela mediocridade que já é escândalo em si (e não apenas em si, mas também na consciência e na percepção

---

[9] Sem se iludir que sejam suficientes a tolerância zero ou as medidas punitivas radicais em relação a quem se tornou culpado. É sobre a massa medíocre, mais ou menos alegremente medíocre, que é preciso intervir com decisão, se quisermos que mude deveras alguma coisa (cf. CENCINI, A. *È cambiato qualcosa?*, cit., p. 100-103).

[10] Segundo a iluminadora e inédita interpretação de Berdayaev, Caim matou Abel não quando o golpeou mortalmente, mas quando, diante da pergunta do Deus criador, respondeu que não era o guarda do irmão, ou seja, quando negou a sua responsabilidade em relação a ele. Ainda mais intrigante, porém, é a interpretação do juízo final, no qual Deus, sempre segundo o escritor russo, fará a mesma pergunta, mas desta vez a Abel, ou a todos os Abéis deste mundo: "Abel, onde está o teu irmão Caim?". Como dizendo: tu, que te achas o bom ou o justo, quanto te sentes responsável pelo teu irmão fraco e pecador? Em ter favorecido certa mentalidade e sensibilidade, por exemplo, ou em não ter dado um testemunho límpido de certos valores? Espero que não te baste dizer que não fizeste nada de mal contra ele... Pergunta-te, ao contrário, se fizeste tudo o que poderias ter feito para impedi-lo (cf. CENCINI. *L'albero della vita*, cit., p. 154-158).

das pessoas, dado que toca – repitamos – particularmente duas áreas tão estratégicas, também no imaginário coletivo da vida consagrada como a virgindade e a pobreza), e que nos tolhe inevitavelmente a autoridade em denunciar toda violência ou, inclusive, nos subtrai o direito da denúncia.

Lágrimas que não fazem ruído

Assim se fecha o círculo. Por isso somos mudos diante da violência geral que há no mundo, por isso não somos testemunhas suficientes e nos contentamos "com uma oração que nem sequer sabe o que pede, porque não sabe em que história estamos rezando",[11] ou chegamos a murmurar devotamente palavras e súplicas, salmos e invocações... "liturgicamente corretos" para invocar a paz contra o terrorismo, a violência de todo gênero, os abusos sobre os mais fracos, a fome no mundo, a degradação do meio ambiente. Mas são palavras e invocações que não podem chegar ao coração do Deus da paz, se não forem confirmadas pela vivência pessoal e não encontrarem um seguimento na vivência comunitária e sem credibilidade alguma diante do mundo, como lágrimas que não fazem ruído. E sabemos bem, ou pelo menos o intuímos, embora nos desagrade. Perder credibilidade, de fato, é tornar-se insignificantes, é esvaziar de sentido a missão, como ser *demissionários*. É perder capacidade de atração, de atração vocacional. Ou tornar-se enigmáticos, para retomar o ponto precedente.

Que força teria, ao contrário, uma vida consagrada animada por uma verdadeira sensibilidade missionária

---

[11] POTENTE, A., op. cit., p. 31.

em tal sentido, capaz de chorar com quem chora, especialmente se esse choro não é de um indivíduo, que faria pouco "barulho", mas assume sempre mais as dimensões de um lamento coral e universal, a mais vozes e em plena harmonia, alto e forte, mais forte do que quem ou que o desejaria calar, lamento de *toda* a vida consagrada, masculina e feminina, jovem e idosa, de vida ativa e contemplativa, das grandes ordens e das pequenas comunidades, dos institutos tradicionais às novas formas de vida consagrada até de quem vive consagrado no mundo, como os membros dos institutos seculares. Provavelmente possamos aplicar em particular à vida consagrada o que se poderia dizer em geral de certa educação cristã: "pregamos demais a resignação, em vez de educar para a indignação".[12]

Diz um provérbio africano: "as lágrimas fazem mal quando voltam aos olhos", isto é, quando não exprimem dor sincera pelos outros e dizem só frustração subjetiva, e então não servem para nada e recaem estéreis sobre quem chora, em vão. São boas e fazem bem, porém, quando caem na terra e a molham para que nasça uma realidade nova e bela. Lágrimas fecundas!

Emil M. Cioran parece fazer eco a esse provérbio africano, quando afirma: "No dia do juízo serão pesadas apenas as lágrimas", as lágrimas choradas pelos outros e "barulhentas", aquelas que exprimem sensibilidade pela dor alheia, como a do Filho.

---

[12] PRONZATO, A. *Un prete si confessa. Farsi trovare da Dio*. Milano: Gribaudi, 2013, p. 36.

Qual formação?

Hoje, então, não é mais tempo do coro modulado ou a mais vozes, dos ritos sugestivos, das palavras doces e delicadas, "em coros alternados". Agora é o tempo de despertar do sono e de levantar a voz, com o céu e com a terra, com as pedras e com as plantas, com a criação que geme desde sempre e mais do que sempre, talvez, dando voz a quem não tem voz ou a quem não é escutado.

Aquela prudência que estrangula a profecia

É tempo no qual não podemos mais permitir à prudência ou aos modos suaves continuar a estrangular a profecia. Porque é impossível continuar a dizer que não temos nada a ver, que toda essa história dramática de guerras, violências, terrorismos não diz respeito às nossas escolhas, que a nós não competem essas coisas, que são outros que devem intervir, que nós cuidamos da vida espiritual e trabalhamos sobre as consciências, ou que é preciso agir com prudência e no silêncio, humildes e discretos, esperando céus e terras novos. Assim como é impossível dizer que nada temos a ver com escândalos e abusos de gênero variado.

E talvez devamos interrogar-nos, visto que ao falar do futuro falamos também de formação, sobretudo permanente, sobre o que devemos refletir seriamente: quanto lugar há para essas coisas num caminho de formação para a vida consagrada, enquanto ensinamos hermenêutica bíblica, línguas sagradas, normas jurídicas, ritualismo litúrgico, estratégias comunicativas, boas maneiras pastorais e assim por diante? Por que a quem busca caminhar nesse caminho, jovens e menos jovens, não ensinamos

> que não existe uma vida religiosa segura e que a nossa oração não serve para salvar a nós mesmos, mas se mistura às lágrimas que fazem ruído? (...) Há uma dor semelhante à minha dor? – escrevia o profeta nas *Lamentações*. E escrevia porque não conseguia mais dizer, porque escrever era e é – poderíamos dizer hoje – como arrancar o silêncio das paredes, das pedras, dos muros, das teclas dos nossos computadores, da tinta das nossas canetas. Que eco, porém, tem essa dor naqueles espaços formativos dedicados a... aprender, a aprender, a aprender o quê? De qual formação, ou seja, "forma de ação" estamos falando?[13]

Formação dramática, isto é, pascal

É a formação para ter em si os sentimentos, as emoções, os desejos, os pensamentos, os gostos, a sensibilidade, a paixão e com-paixão do Filho obediente, do Servo sofredor, do Cordeiro inocente? Formação *dramática*, em perspectiva *pascal*, que durará inevitavelmente toda a vida? Formação que nos faz entrar progressivamente naquele *mistério* que assume a nossa fraqueza e a transforma na potência da graça? Ou é aquela formação puramente de fachada, que se contenta com a conduta correta, que faz descontos para facilitar a vida das nossas crianças pequenas (para que não entrem em crise e talvez fiquem como são...!) e que está muito mais preocupada com a quantidade do que com

---

[13] POTENTE, A., op. cit., p. 31.

a qualidade? O primeiro tipo de formação forma o coração, o segundo forma "monstros", diria sem meios-termos o Papa Francisco, ou realidades enigmáticas ou aqueles *zumbis* dos quais falamos antes. Graças à primeira, sentimos como nossos os pecados da Igreja e do mundo, sentimos vergonha e temos a coragem e a honestidade de chorá-los, de pedir perdão e de provar compaixão pelas vítimas;[14] a segunda nos torna duros como pedra. A primeira infunde confiança e prepara os nossos jovens para o futuro, a segunda os torna medrosos e incertos.

A autoridade da e na compaixão

No início falávamos da autoridade que nunca deveria corromper-se em poder, senão é o fim da relação. Pois bem, se devemos ter os mesmos sentimentos de Cristo, deveríamos também aprender dele a sua autoridade, entendê-la como ele a interpretou e viveu. Nisto, como sempre, nos ajuda muito o Evangelho. As pessoas, de fato, reconheciam em Jesus, que não tinha nenhum papel institucional, alguém que tinha autoridade, não como os escribas e os fariseus (cf. Mc 1,22). Perguntemo-nos: onde e por que as pessoas, simples e sem cultura, ficavam admiradas diante da autoridade de Jesus; o que as fazia sentir e aceitar tal

---

[14] Papa Francisco invocou "a graça de chorar" diante dos pecados cometidos pelos membros da Igreja, na homilia de 7 de julho de 2014, em Santa Marta, durante a missa na qual participaram seis vítimas de abusos sexuais por parte de eclesiásticos. É um dado de fato que a maioria daqueles sacerdotes e consagrados, que cometeram abusos sexuais, nunca pediram perdão a ninguém!

autoridade, em que coisa via a enorme diferença com a autoridade formal ou com a autoridade dos escribas e fariseus que se corrompera em poder?

A resposta é muito interessante e provavelmente também inédita para nós: o povo reconhecia a autoridade de Jesus *na sua compaixão,* ou *na capacidade e na liberdade de Jesus sofrer com quem sofria, de acolher no seu coração a dor de tantas pessoas que recorriam a ele.* As pessoas sentiam e viam, tocavam com a mão a sensibilidade de Jesus diante dos pobres e dos doentes, das viúvas e dos órfãos; aquela sensibilidade que lhe permitia acolher no seu coração a dor de cada pessoa que se dirigia a ele e revivê-la em si com acentos de sofrimento. E exatamente isso permitia às pessoas simples reconhecer a sua autoridade e atribuir-lhe autoridade, acolher a sua palavra como autorizada, o seu gesto como crível, a sua pessoa como verdadeira e confiável, a quem era justo prestar obediência.[15]

Eis a autoridade e a "fonte sadia" daquela autoridade que nós somos chamados a viver e interpretar. Aquela autoridade que nasce não do papel ou da pertença institucional, dos títulos ou dos cargos, da carreira ou do uniforme, do poder ou do dinheiro, da cultura ou da eficiência, dos números ou da visibilidade, das frequentações sociais ou de uma titularidade ministerial; e poderíamos continuar. Falemos antes de uma autoridade que nasce daquela sensibilidade que não só permite escutar e compreender o outro, nem tampouco apenas de entrar em empatia com ele, mas

---

[15] Cf. Homilia do Papa Francisco em Santa Marta, 10 de janeiro de 2017.

que abre o meu coração para acolher pelo menos um pouco daquela dor que o outro me conta e está vivendo. É a autoridade da *com-paixão*, ou a sensibilidade *compassiva*, no verdadeiro significado etimológico da expressão, sinal de liberdade interior de toda autorreferencialidade clerical ou religiosa; liberdade que se manifesta, concretamente, na *partilha do sofrimento, no efetivo sofrer a dor do outro.*

O consagrado, de fato, não é apenas o consolador, em nome de Deus e graças à própria eventual competência; o consagrado é aquele que é chamado a participar daquela dor, a acolhê-la e revivê-la em si, como o Filho que se encarnou na dor do homem ou como o samaritano que se encarregou das feridas daquele pobre homem e da sua cura. Tal compartilhamento é um pequeno grande milagre, é como um olhar dirigido ao outro, com olho transfigurado e transfigurante. É o estilo que deveria caracterizar o encontro de todo consagrado com a dor da sua gente: é o estilo que faz com que o outro se sinta de algum modo aliviado, porque uma parte da sua dor foi deixada no nosso coração, deveras semelhante, neste ponto, à do Bom Pastor e do Bom Samaritano. Coração que se compadece, que padece "com".

Deveríamos pôr certa atenção formativa em tal compaixão, porque não é de modo algum dito que possuímos essa liberdade do coração, que é a verdadeira liberdade. Muitas vezes, nas situações humanas marcadas pela dor ou por grandes sofrimentos como lutas, desastres, tragédias várias, nos contentamos em desempenhar um papel pastoralmente correto ou até perfeito, mais atentos e preocupados com a nossa prestação oficial, pastoral ou litúrgica, o que significa preocupados conosco mesmos, mais do que com a dor de quem está sofrendo. Se não temos a liberdade de permitir que essa dor entre no nosso coração, a nossa escuta do outro é apenas ficção, mesmo achando que contribuiu profissionalmente para aliviá-lo e consolá-lo.

Então, quando não há liberdade e capacidade de compaixão, a autoridade se deforma fatalmente em poder. Como já sucedeu na nossa história.

Deixar-se formar pela vida e pelos outros

Se verdadeiramente aprendêssemos essa autoridade ou magistério da compaixão (uma espécie de *docibilitas doloris*), não só quem nos confiou e entregou a sua dor seria logo aliviado, mas nós seríamos formados ao acolher no nosso coração o seu sofrimento! A dor forma quando encontra tal liberdade de partilha, assim como a vida fala se há um coração que escuta. Torna-nos sempre mais semelhantes ao Senhor crucificado e ressuscitado! É uma misteriosa mediação através da qual o Pai, como um tempo, tornou perfeito o Filho mediante o sofrimento (cf. Hb 2,10), então, agora, plasma em nós a mesma imagem do Filho sofredor, dando-nos um coração capaz de hospedar o sofrimento alheio e fazendo-o nosso. Quando isso acontece, naquele momento o mistério da redenção continua.

Mas ali se realiza também a nossa formação permanente: o que significa deixar-se formar, sim, deixar-se educar e provocar, pôr em crise e repreender, deixar-se sacudir pelo sofrimento que há em torno de nós, até pelo desespero, a ponto de deixar-se dar uma bofetada pela vida, pela missão, pelos outros. Também e particularmente pelas situações da vida que pareceriam totalmente negativas ou enigmáticas, mas que poderiam tornar-se "misteriosas", como a dor do mundo. É ao longo dessas singulares "periferias" que se realiza a nossa formação contínua, é colocando-nos à escuta da dor do mundo que somos provocados a reconhecer e chorar verdadeiramente os nossos fracassos e contradições, e a aprender também dos nossos erros. Para não repeti-los, certamente, para não nos sentirmos melhores que qualquer outro, mas também para experimentar aquela misericórdia que é o coração do nosso anúncio missionário e que nos torna misericordiosos, num mundo impiedoso, mas com fome de misericórdia como o nosso. Particularmente neste momento providencial, no qual o Papa Francisco nos provoca, como nenhum outro jamais fez, a ser autênticos e verazes.

Então se realizaria também a profecia da qual falamos, profecia dada a nós e à Igreja inteira.

E a vida consagrada – podemos estar certos a respeito – teria um amanhã!

6

O FUTURO JÁ AGORA

Iniciamos com a ideia de exorcizar o futuro, para que não nos cause mais medo. Gostaríamos de concluir com a certeza de que esse futuro não caia sobre nós sem que saibamos de onde vem, mas seja exatamente como nós quisermos que seja. Certamente, nele se há de esperar algo que não possamos prever de modo absoluto, contudo, é certo que a nossa reação será aquela que nós desde agora possamos e devemos começar a conceber e organizar, fazendo já hoje as escolhas precisas e visadas.

Já indicamos algumas dessas escolhas. Propomos agora, a modo de síntese conclusiva, algumas sugestões ou indicações para nos dispormos ao futuro de modo inteligente e crente, rico não só de esperança, mas também de criatividade, com espírito de empreendimento e responsabilidade. E sem nenhuma presunção de completude.

Homens e mulheres livres e felizes

A vida consagrada pode esperar ter futuro apenas se demonstrar ser um caminho de liberdade. Não só porque a cultura de hoje nunca acreditaria num testemunho ou numa vivência que deixe uma só suspeita que seja em sentido contrário, mas porque é preciso testemunhar o sentido exato da liberdade, aquela que vem da liberdade em

Cristo, e que produz o gosto de fazer as coisas por amor, não por dever ou por necessidade, ou porque "cabe a mim" ou me convém. É, no fundo, a lógica da graça, da gratidão, da gratuidade. Que cria pessoas felizes.[1]

A um testemunho de renúncia ou de ascese o mundo de hoje pode até reagir sem acreditar muito em nós e sem entender o seu sentido; mas diante do testemunho de uma fraternidade feliz, composta de indivíduos felizes que compartilham a sua felicidade, não há secularismo que resista.

Jovens e idosos numa comunidade verdadeira

Um dos aspectos menos convidativos para um jovem que pensa em unir-se a uma comunidade de consagrados é a perspectiva de encontrar-se numa pequena minoria dentro de uma maioria que faz parte de outras gerações, talvez com a ulterior perspectiva de tornarem-se, sobretudo, enfermeiros ou cuidadores. Como consequência, por parte da instituição vem uma estranha alternativa na relação com os pouquíssimos jovens que entram: ou são mimados, como filhos únicos, que podem permitir-se qualquer exceção e, de fato, deseducando-os; ou são asfixiados e obrigados a viver no nosso ritmo. Em algumas comunidades, então, se assiste a estranhas trocas de papel, pretendendo que os peixes voem no céu e os pássaros nadem na água; ou que os jovens vivam como idosos e os idosos se movam como jovens. Com o resultado que alguns experimentam

---

[1] É o sentido fundamental de M. D. Semeraro, *Non perfetti, ma felici. Per una profezia sostenibile della vita consacrata*, Bologna, EDB, 2015.

frustrações enquanto outros sentem-se sufocar: a comunidade correrá o risco de falsidade e insignificância, e todos acabaremos sendo perdedores.[2]

É preciso, ao invés, saber dar espaço a uma diversidade inteligente e que, no fundo, é ditada pela natureza, ainda que acentuada e um pouco desequilibrada pelo ritmo frenético de mudança geracional ocorrida nas últimas décadas. Não só para favorecer o encontro de jovens e velhos, no respeito por cada idade, ou contentando-se em repetir genericamente que a experiência de uns se torne a sabedoria dos outros, mas para abrir-se a novos modelos de vida comum, centrada sobre o que é essencial e capaz de deixar de lado o que é secundário e poderia dividir-nos; uma vida comum mais leve e menos invasora, principalmente atenta à qualidade das relações e da partilha, que seja uma fraternidade de adultos, não de crianças, na qual cada um – não só os superiores – é responsável por si, antes de tudo, mas também pelo outro, encarrega-se dele e o promove; uma vida mais aberta ao mundo e à Igreja, menos apaixonada por uma uniformidade equivocada, não preocupada com suas próprias comodidades, talvez alérgica à mediocridade.

Profecia e novidade de vida

Nesta análise, partimos de uma profecia capaz não tanto de antecipar o que se sucederia, mas de revelar-nos a verdade daquilo que somos e do que deveríamos ser. "Os

---

[2]   Cf. Ruiz Aragones apud Gonzalo Diez, *Ni triunfantes*, p. 57.

profetas não dizem o futuro, dizem a verdade."[3] É exatamente destes profetas que a vida consagrada precisa hoje, de homens e mulheres de olhar penetrante e sentidos vigilantes para captar aqueles germes de vida nova que há na vida consagrada hoje, não só nas formas novas, mas também naquelas tradicionais, germes que, no entanto, nem todos sabem reconhecer. Sinais de algo original e autêntico que está nascendo em relação com o carisma, com o modo de vivê-lo hoje, com experiências de ambientes diferentes, de novos modelos de liderança, de novos estilos de anúncio, de obras, de novos modos de dar formação, inicial e permanente, de formas várias de partilha do carisma com os leigos... É certo que "o grupo que não sabe identificar e dar um nome a esses sinais de vitalidade não tem qualquer futuro",[4] é como uma empresa que teria de investir, mas não sabe onde nem como.

De fato, nada desta novidade, por pequena que seja, deve ser desprezada ou subestimada. Porque, obviamente, esta novidade não só é reconhecida, mas também posta em ação, sustentada com paciência, traduzida em atos concretos, em sistema pedagógico regular, sem se esperar imediatamente, talvez, resultados transformadores. Ela há de ser acolhida também nas suas implicações e consequências, talvez sempre mais purificada e corrigida, sem fechar-se diante de eventuais dificuldades de atuação.[5]

---

[3] J. M. Arnaiz apud Gonzalo Diez, *Ni triunfantes*, p. 58.

[4] Ibid.

[5] Pensemos, por exemplo, na novidade (relativa) da entrada das ciências humanas na formação, como algo que poderia ajudar enormemente a formação mesma. Não, porém, de modo automático, mas

Às vezes – observa o monge e sociólogo Dal Piaz – talvez com alguma desconfiança, sejam iniciadas novas experiências, mas sem a paciência de deixar que elas cresçam, dando a elas tempo para enfrentar e se confrontar com os limites inevitáveis que fazem parte de todo projeto; muito depressa nos esperam frutos visíveis e tangíveis. Talvez no início as coisas não "funcionem" como se esperava, o risco então é que logo sejam cortadas, ou que se volte ao que tranquiliza porque existe faz tempo.[6]

São muitas, na realidade, as iniciativas tomadas por vários institutos, nestes tempos de tentativas e experimentos, que morreram cedo demais; não tiveram tempo para se tornar um processo articulado em etapas e visando a um objetivo preciso e bem determinado.

Os sentimentos de Cristo

Recordamos que, segundo *Vita consecrata*, o objetivo do itinerário de formação para a consagração religiosa

---

apenas se pusermos em ação uma série de atenções, a partir da revisão de certo sistema educativo e pela formação dos formadores mesmos, reconsiderando lugares e tempos de formação, e estudando o modo de fazer entrar em diálogo certa espiritualidade com estas novas contribuições antropológicas. Para isso, é preciso ainda corrigir eventuais ênfases (de um e de outro lado), estabelecer novos critérios de discernimento, evitando em cada caso considerar tal contribuição como a panaceia que resolve como por encanto qualquer problema na formação dos consagrados.

[6] DAL PIAZ, G. La vita religiosa in Italia: un diario di bordo (1977-2017). La collaborazione di p. G. Dal Piaz con la Cism. *Vita consecrata*, n. 4 (2017), p. 328.

é a reprodução em si dos sentimentos do Filho. Não é só uma indicação útil para a formação, mas é um modo relativamente novo de pensar a vida consagrada mesma. Se, de fato, ela é chamada a repropor na peregrinação terrena para o Reino o modo de viver do Senhor Jesus, cada instituto poderia e deveria repensar o próprio carisma exatamente nesta linha, buscando *identificar aquele sentimento divino preciso que é chamado a reviver na Igreja e no mundo hoje.* Se grande e inexaurível é a riqueza da sensibilidade divina manifestada na vida terrena do Filho obediente, do Servo sofredor, do Cordeiro inocente, é bonito pensar nos vários carismas da vida consagrada como na expressão variegada e colorida dessa incomensurável riqueza divina, como uma revelação do coração de Deus.

Poderia ser um trabalho de aprofundamento carismático que não permaneceria apenas teórico e abstrato, exatamente porque visa acolher um aspecto muito humano da multiforme realidade de Deus, mas também imediatamente traduzível em novidade de vida, em estilo relacional, em calor emotivo, em traço humano logo compreensível por todos. Se a chamada é expressa nesses termos, o processo formativo, mais focalizado, e provavelmente também a atração vocacional, muito mais forte e fascinante, ganharia a sua identidade vocacional, a esta altura melhor definida.

Fora de todo sonho de grandeza

Há um fruto delicioso dos tempos que estamos vivendo, que talvez não tenhamos procurado explicitamente, mas que poderia fazer muito bem à nossa saúde espiritual, e não só, ainda que não sejamos totalmente conscientes – é a perda de todo sonho de glória e de grandeza. "Quando a atual transição se tiver completado, teremos menos obras, menos poder social, provavelmente também menos visibilidade."[7] A dieta à qual estes tempos (ou a providência divina) nos submeteram, é dieta de vários gêneros: vocacional, numérica, de menor autoridade e influência social, e talvez também de resultado pastoral mais escasso. Também por isso tal redimensionamento é fenômeno de notável incidência e que é reconhecido na sua positividade, além da aparência contrária, como já Ratzinger tinha antecipado.

Um dado imediatamente visível ou uma aplicação dessa tendência poderia ser uma concepção diferente da comunidade, não mais pensada como grande, com grandes números, grandes arquiteturas, grandes realizações. Hoje não é mais o tempo, realisticamente, de estruturas imponentes, que muitas vezes correm o risco de se tornar um autêntico peso, difícil de gerir e ainda mais de colocar a serviço de certo ideal, ou de adaptar às circunstâncias histórico-ambientais mudadas. Além disso, porém, a realização em grande estilo dá uma imagem ambígua da vida consagrada, é tentação perigosa para o nosso senso de identidade, expõe ao risco da competição com outros agentes sociais, dá um sentido de poder e cria distância em relação à comunidade civil; não favorece, certamente, as relações humanas em seu interior, às vezes condiciona pesadamente a vida dos indivíduos e do grupo.

---

[7] Ibid., p. 338.

Não estamos, por outro lado, na lógica sugestiva e um pouco banal do "pequeno é bonito"; "o pequeno aqui talvez seja a característica de um futuro no qual as diversas fisionomias da vida consagrada deverão conviver com a 'menoridade' da sua presença".[8] Depois, porém, já no presente, o pequeno sem dúvida diz melhor a nossa medida e corresponde em medida maior à lógica evangélica do pequeno rebanho, da pequena semente, dos poucos operários (em relação à grande messe – cf. Mt 9,37), dos discípulos indicados por Jesus como os pequenos (cf. Mt 10,42; 18,6). E se é Deus que se faz pequeno, não deveria existir outro modo de anunciá-lo aos de fora da pequenez de quem o anuncia, como indivíduo e como comunidade.

O risco da clericalização e da paroquialização

A história nos conta que a vida consagrada iniciou lentamente a perder a sua identidade no momento em que o status sacerdotal adquiriu certa importância dentro dela, aumentaram os religiosos sacerdotes e diminuíram os irmãos. Concretamente isso significou assumir sempre mais frequentemente paróquias e a adequação da própria vida e da própria vocação à vocação do clero diocesano. É inevitável, a esta altura, o problema identitário, que no tempo determinou verdadeiras crises de abandono da vocação consagrada ou, mais simplesmente, e ambiguamente, uma leitura da sua vocação à luz quase exclusiva do ministério presbiteral para os religiosos padres ou do serviço à

---

[8] Ibid.

paróquia para os irmãos consagrados e as religiosas consagradas. O problema, evidentemente, não está ligado apenas ao fazer, mas antes ainda ao ser. Não é exagerado dizer, de fato, que hoje certo número de religiosos não só não saberiam o que fazer se não estivessem ocupados com o ministério sacerdotal, mas também não saberiam quem são e onde e como dar um sentido à vida fora de tal ministério. Decididamente mais padres que consagrados. Ainda estão no instituto, mas a identidade foi transferida para outro lugar!

É claro que há também um problema eclesial muito sério e, em certos casos, dramático, ligado à crise vocacional presbiteral, problema ao qual a vida consagrada responde oferecendo a sua disponibilidade à Igreja local, especialmente em certos lugares. É preciso, porém, vigiar com muita atenção para que isso não traga uma perda da sua específica dimensão carismática e um nivelamento vocacional que certamente não faria bem à Igreja. É um jardim florido ao ar livre com grande variedade de plantas e flores (= a pluralidade dos sentimentos do Filho), não uma estufa protegida na qual floresce um só gênero de planta preciosa e rara.

Fidelidade criativa, não só perseverança repetitiva

Hoje não basta mais ser perseverante, é preciso ser criativo. O *perseverante* é alguém que não falta à palavra dada e fica na instituição, mas de fato se repete mais ou menos sem se cansar, como uma fotocópia; não se renova, antes, corre o risco da progressiva desmotivação. Quem é fiel ao seu carisma, porém, vive cada dia uma chamada sempre nova, por parte daquele que eternamente chama, o qual obviamente não se repete, e dá e pede sempre algo novo, a quem dar uma resposta igualmente nova. Talvez por tempo demais nos contentamos em ser perseverantes, repetindo e repetindo-nos, sem, na realidade, criar nada nem motivar de novo a nossa escolha, como se o tempo e a história se tivessem encerrado, e sem a fadiga de ler o carisma à luz das provocações contínuas do tempo e da história.

Devemos aprender a fidelidade, que é relacional ou dimensão e consequência da relação com aquele que é "o fiel", que com a sua fidelidade torna possível e provoca a nossa. O carisma, de fato, não é algo de estático e só para ser conservado, recebido uma vez por todas, mas dom, responsabilidade e mistério que nos é dado cada dia, e que nos pede uma constante capacidade criativa. E se esse dom vem do Espírito Santo, é claro que não terminaremos de compreendê-lo e exprimir o seu sentido, de identificar as suas formas expressivas inéditas e originais. Também isso é formação permanente.

É o que nos é pedido fazer hoje e todo dia, se não nos quisermos tornar os guardas do museu, que sempre têm menos a dizer ao mundo e à Igreja, e que muitas vezes não sabem mais se surpreender e se comover diante da beleza do que lhes foi confiado e que eles guardam.

Quais obras?

É a pergunta de muitos capítulos gerais e provinciais, na ordem do dia de reuniões e comissões várias encarregadas de desenhar a estratégia do futuro. "As obras são o presente pesado" da vida consagrada, afirma Dal Piaz, segundo o qual "é sempre mais difícil geri-las como 'obras específicas'. Como não será fácil que permaneçam 'obras de caridade'. Padrões legislativos e gerenciais não o permitem...", por várias razões. Observa sempre o sociólogo:

> A vertente dos serviços sociais assistenciais e das emergências (ver migrantes etc.) conta com uma rede de voluntariado também ampla e, portanto, com uma maior afinidade "carismática". Fórmula não tão facilmente transponível para as obras educativas e sanitárias. Estamos, pois, num "canteiro de obras aberto", cujo êxito será uma mudança tão profunda e tão previsível, mesmo se muitas vezes se tem a impressão que não se quer ver e aceitar.[9]

Não possuo qualquer fórmula mágica para a solução do problema. Apenas duas observações.

Profissionais competentes ou homens e mulheres de Deus?

Não se trata de adivinhar o que faria o fundador ou a fundadora se estivessem vivos hoje ou de pensar em *quais* obras escolher e realizar, mas de considerar, sobretudo, a *modalidade ou o espírito* com o qual interpretar o que

---

[9] Ibid., p. 332.

fazemos pelas pessoas a quem as obras são dirigidas. Ficando claro que é privilegiada, como é totalmente lógico, no entanto não exatamente certo, a opção carismática no que diz respeito ao tipo de apostolado, os seus destinatários privilegiados, o estilo relacional, os lugares de intervenção etc. e aquela opção privilegiada pelos pobres contida mais ou menos explicitamente no carisma da quase totalidade dos institutos, o problema se desloca para aquele que é o objetivo natural de todo ministério na Igreja: *o anúncio da boa notícia do amor do Eterno.*

As nossas obras atingem esse objetivo? Além do pão para o faminto ou da carícia ao que está só, da instrução escolar, da assistência ao doente, ao indigente, a quem está desesperado, além da educação dos jovens, da reeducação de quem se desviou por caminhos perversos..., a pergunta de fundo é sempre a mesma: a minha e a nossa ação anunciaram a benevolência do Pai que ama em particular quem é tentado de não se sentir amável? No nosso gesto caritativo é perceptível a *caritas* divina? Aquela pequena coisa que é uma carícia humana transmite a quem a recebe a ternura de Deus? Aqueles aos quais se dirige a nossa ação caritativa, assistencial, educativa se sentem alcançados e tocados – através do nosso contato – pela mão de Deus, pelo seu coração, pelo seu cuidado e benevolência? Criamos em torno de nós e através das nossas obras nostalgia de Deus, desejo de ver o seu rosto, ou somos apenas pessoas de boa vontade e discretas capacidades? Precisamos estar muito atentos a não sermos percebidos (e não só por defeito perceptivo--interpretativo alheio) mais como expertos, técnicos da caridade ou assessores aos vários serviços de utilidade pública, pessoas competentes no seu setor, do que como homens e mulheres de Deus. É um fato que normalmente as pessoas nos apreciam muito no plano do que fazemos (veja-se como é considerada a escola privada-paritária ou certos serviços caritativos geridos por institutos religiosos), mas sem se deixar iluminar grandemente pelos nossos valores ideais e espirituais; têm estima por nós, mas as razões de viver e de morrer vão procurar em outro lugar; talvez nos explorem pelas nossas competências, mas ficando bem atentos a não se deixar interrogar e colocar em crise por aquilo que, para nós, é a realidade mais importante e que deveria emergir e transparecer pelo que fazemos. Não poderia ser este o verdadeiro objeto do nosso discernimento sobre as obras ou, mais do que sobre as obras em si mesmas, sobre a *coerência e transparência interior* com que as interpretamos?

Qualidade do envolvimento com os leigos

É uma das realidades mais belas e significativas destas últimas décadas: leigos, homens e mulheres que vivem no mundo e que de algum modo participam de nosso espírito, tomando também parte no nosso trabalho apostólico de vários modos. Trata-se de um fenômeno verdadeiramente providencial, vistos os tempos que vivemos, entre aqueles sinais de vitalidade que nos permitem olhar o futuro com esperança.

Na verdade, não é algo absolutamente novo. Já no passado houve formas de participação carismática leiga. Era o tempo das chamadas *ordens terceiras*, na qual, porém, a participação era antes "de fora", como se os leigos não pudessem ser admitidos além de certo nível de conhecimento bastante elementar do espírito de um instituto, que se manifestava depois, sobretudo, em práticas de devoção e do compromisso de vida.

Nessa história da participação leiga na nossa vida, podemos reconhecer uma segunda fase nos inícios da crise vocacional, quando a presença dos leigos permitiu enfrentar a emergência, ligada à diminuição numérica dos consagrados, para sustentar as obras. Tratava-se, por isso, sobretudo, mais de uma colaboração, por importante e abençoada que fosse, ou de mão de obra generosa do que de participação verdadeira num carisma e nos seus valores.

Hoje deveríamos sempre mais entrar numa nova fase, a do *compartilhamento verdadeiro, por parte dos leigos, da espiritualidade carismática*, e não só de alguns aspectos dela; não só para tapar os buracos, mas para oferecer ao leigo que vive no mundo, que é casado, que exerce uma profissão, que respira certa atmosfera, a possibilidade e a graça de reviver aquele espírito que foi dado a nós, mas para o bem da Igreja e do mundo. Esse compartilhamento, portanto, não é fenômeno extraordinário e excepcional, mas expressão *natural* do contágio de um dom que vem do alto e que tem uma destinação universal.

Antes, é algo de que a vida consagrada precisa ou, mais precisamente, de que o carisma precisa, porque o dom que vem do Espírito nunca poderá ser compreendido perfeitamente por alguns, pelos seus destinatários primeiros e diretos, por aqueles que aí se reconhecem a ponto de tê-lo escolhido como ideal de vida. Esse dom foi dado a eles para que o transmitissem a todos, idealmente, na Igreja e no mundo, e só poderá ser compreendido se restituído, de algum modo, à Igreja e ao mundo. É o famoso princípio da *circularidade carismática*. Isso repisa um pouco o que dissemos mais acima acerca do dinamismo da aculturação e da inculturação.[10] Graças a ele, e à troca recíproca e verdadeiramente fecunda, os nossos carismas se renovam: nós os transmitimos aos outros, para fora da nossa convivência, procurando dizê-los a eles na nossa língua, e eles no-los restituem de algum modo relidos segundo a sua sensibilidade leiga, numa versão que nos revelará aspectos inéditos, que nós dificilmente ou nunca teríamos descoberto.

É assim que se cresce junto na Igreja, na partilha dos dons.

Periferias velhas e novas

O termo "periferia", que volta muitas vezes nas intervenções do Papa Francisco, tornou-se familiar a todos. A solicitação do papa a ir para as periferias, antigas e modernas, é muito nítida e vigorosa.

Periferia é tudo – pessoas e coisas, lugares e contextos – o que fica às margens da vida e da atenção não só pública, mas também privada; não só fora de nós, mas também dentro de nós; não só no mundo em geral, mas também na Igreja. Periferia é lugar menos seguro e sem regras, mais

---

[10] Exatamente no terceiro capítulo, no parágrafo: O abraço como símbolo da nova evangelização.

exposto a situações de caos e transgressões várias; vive em periferia comumente quem conta menos na sociedade e está como que afastado, ou mantido a uma distância imunizante, para que não possa contaminar. Em suma, não se vive tão bem na periferia. Também hoje.

No centro há a ordem que dá estabilidade, fora há a imprevisibilidade; a consequência é que é mais fácil viver no centro, colocar ali as suas raízes e habitar sempre ali, mas com os riscos da repetitividade – que é acompanhada frequentemente pela mediocridade – e da estagnação, que é o contrário da paixão. Frequentar as periferias significaria, ao contrário, ser provocados a renovar-se e a pôr em ação outras estratégias de abordagem, sobretudo se alguém fez uma escolha de vida. Talvez nada como a periferia nos obrigue a dar razão da nossa identidade e esperança e a nos confrontar com uma alteridade radical; e talvez até um certo apelo de Deus poderia passar exatamente pelas periferias. Não aceitar esse desafio poderia significar, como vimos, passar do ser missionário ao ser demissionário, ou a contentar-se em ser perseverantes, em vez de se tornar fiéis.

Periferia é fronteira, significa confim e extremidade, é "descobrir que Deus quis nascer onde não esperávamos, onde talvez não quiséssemos; ou onde muitas vezes o negamos",[11] ou onde decidimos que não vale a pena ir semear.

De um certo ponto de vista, poderíamos dizer que o cristão é periférico com respeito ao mundo, assim como a vida consagrada é em relação à Igreja. Digamos, porém,

---

[11] Da homilia do Papa Francisco na solenidade da Epifania de 2017.

ABRAÇAR O FUTURO COM ESPERANÇA

que os nossos carismas nasceram muitas vezes nas periferias da vida e do mundo, ou com um forte impulso a frequentar ambientes nos confins. Com o tempo, porém, as nossas instituições se instalaram muitas vezes no centro, deixando as periferias para as iniciativas de algum outro, e contribuindo às vezes para o seu progressivo isolamento e abandono.

Trata-se agora de fazer o percurso inverso, acolhendo o convite enérgico e explícito do papa: do centro para a periferia. Antes de tudo, como já indicamos,[12] seria muito útil que cada comunidade religiosa realizasse um verdadeiro discernimento para se perguntar: que periferias há para nós, talvez não muito distantes de nós? Quais contextos humanos ignoramos até agora ou consideramos como improváveis, fechados ao anúncio, demasiado difíceis ou distantes? Aonde poderíamos hoje ir para viver melhor e mais fielmente o nosso carisma? E não só para ir ao encontro de quem é marginalizado, mas para encontrar a nós mesmos, as nossas raízes e o nosso futuro. Como diz muito bem L. Bruni, os novos modelos da vida consagrada não nascem certamente olhando narcisisticamente para dentro de si, nem só da reflexão teórica, mas "antes de tudo da frequentação das novas periferias onde se encontram novas necessidades e os famintos de vida, da escuta dos desejos das famílias e dos jovens, do encontro corpo a corpo com as pessoas em carne e osso..., para cuidar das feridas e das dores dos homens e das mulheres de hoje, sobretudo dos

---

[12] Veja-se o que foi dito no capítulo IV, no parágrafo: Das periferias do coração às periferias da missão.

mais pobres", dado que "a distância dos pobres é sempre o primeiro sinal de crise das realidades carismáticas... é nas periferias que se aprende a ressurgir".[13]

Para todo fechamento uma nova abertura

Simples para se dizer, quase um slogan até atraente, mas igualmente impossível de se fazer. Parece uma coisa totalmente utópica e irrealizável, que apenas alguém que não conhece a situação poderia pensar. Contudo, nessa expressão há certa lógica que não é só uma frase de efeito. É claro que devemos fechar, que não podemos permitir-nos a gestão de obras difíceis, que não podemos manter as posições de algumas décadas atrás. Mas, se entrarmos sempre mais em certa perspectiva, aquela de comunidades pequenas, de presenças carismaticamente significativas (onde a qualidade das pessoas supere a quantidade), a de serviços discretos e menos exigentes no plano das forças exigidas, mas mais em linha com o nosso carisma, a de coragem de dar aos outros a gestão das nossas obras que funcionam bem para ir criar outras noutro lugar, a de preferência pelos papéis de animação de atividades que possam ser depois levadas em frente por outros sujeitos, a de disponibilidade para colaborar com outras realidades, a de delimitação dos espaços de intervenção em proporção às forças disponíveis, então isso, pelo menos em nível ideal ou como princípio geral, parece menos impossível.

---

[13] BRUNI, L. *La distruzione creatrice*, p. 94-95.

ABRAÇAR O FUTURO COM ESPERANÇA

Obviamente, nada de automático e espontâneo. O que se quer dizer com esse princípio ou slogan é, antes de tudo, que é necessário evitar, de todos os modos, sofrer, como uma amarga obrigação, o processo de fechamentos que se sucedem sem interrupção, um depois do outro, engendrando verdadeiramente nos membros de uma instituição a sensação de uma morte mais ou menos lenta, mas certa e sempre mais inevitável. Com todas as depressões consequentes. Uma coisa é gerir o fim (contentando-nos em estabelecer a ordem dos fechamentos e resignando-nos a ter uma "boa morte", e recomendando que... "o último apague a luz"), outro discurso, e completamente diferente, é enfrentar a perspectiva de uma nova vida, que passa necessariamente por cortes e redimensionamentos vários. Um instituto que psicologicamente se dispõe e se limita a administrar o fim, ainda que não o diga e não esteja consciente disso, não poderá certamente pretender atrair novas vocações: ninguém nunca foi atraído pelo *sheol*! E, por isso, correrá o risco de morrer verdadeiramente, e mal. Um instituto que, ao contrário, quer viver a crise para compreender onde errou no passado e onde agora o Espírito o chama, assumirá uma atitude muito diferente, aberto à vida e ao otimismo crente e confiante. Também na consciência realista de uma situação difícil.

Torna-se, portanto, decisivo esse espírito de discernimento que leva a colher e reconhecer aquele broto vital, ainda que pequeno, que está presente também onde tudo parece agora voltado para o fim, como a erva teimosa que consegue despontar e crescer num terreno pedregoso. E junto com o olho vigiante e perspicaz, a *coragem de tomar decisões correspondentes*, superando nostalgias e apegos, tradições e hábitos, deixando o que parece ter funcionado um tempo, mas que agora parece superado, abrindo-se aos apelos que vêm do mundo e da Igreja, tomando decisões, embora não se tenham todas as garantias e fora da lógica do cálculo, tentando caminhos novos, confrontando-se com diversidades inéditas e correndo riscos vários, também o de equivocar-se.

Em todo caso, porém, protegido do erro mais grave e imperdoável nestas conjunturas, engano verdadeiramente mortal: o de nunca se decidir, deixando viver – e morrer –, e de sofrer simplesmente o processo de decadência, como uma eutanásia espiritual e psicológica.

Ainda Bruni, com a sua análise aguda e persuasiva:

> Depois do grande dilúvio, o livro do Gênesis nos narra a história de Babel. A humanidade, salva por Noé, em vez de escutar o comando de Deus e dispersar-se pela face da terra, fechou-se, construiu uma fortaleza, com uma só língua, sem diversidade. Depois das grandes crises chega pontual a tentação de Babel: as comunidades têm medo, defendem-se para conservar a sua identidade. Toda salvação está na dispersão para fora das torres, nas muitas línguas, em mover-se sem demora em direção de novas terras, continuando a escutar a voz boa que nos chamou.[14]

A vida consagrada pode ser ameaçada pela mesma tentação: a Babel de hoje é o medo defensivo em relação ao mundo, na ilusão de manter a sua identidade e de alcançar

---

[14] Ibid., p. 95-96.

as alturas de uma perfeição improvável. Mas com o risco de se encontrar falando uma língua que ninguém hoje mais entende, de repetir palavras que não soam mais como bem-aventuranças e salvação.

A salvação é o Pentecostes, o dom do Espírito que nos abre ao mundo e nos faz aprender línguas novas, para dizer aquela palavra na qual estão contidas todas as bem-aventuranças e a salvação para cada homem e cada mulher: Jesus é o Senhor!

Conclusão

Além do longo inverno

Por enquanto não há sinais, dizem-nos as pesquisas sociológicas, que façam entrever o fim do longo inverno da secularização. Sabemos, porém, como já dissemos, que, quando a atual transição se tiver realizado, não só seremos em menor número e teremos menos obras, mas também menos poder social e menos visibilidade. E isto será um bem, queremos crer. Mas devemos, em todo caso, desde agora nos preparar para isso, para que deveras seja um bem e o seja para a Igreja toda. Torna-se, portanto, indispensável

> perguntar-se como se pensa em dar continuidade ao coração da vida religiosa, ou seja, ao testemunho de que nada temos de mais caro que o Senhor Jesus. No momento, ninguém tem respostas prontas, mas talvez possamos iniciar a buscá-las, colocando-nos à escuta do Espírito, o qual sempre tem surpresas de reserva.[1]

Concluo com uma oração a Maria, que certa tradição sempre viu como a primeira consagrada, verdadeiro ícone da nossa vida. Exatamente por isso proponho aplicar à vida consagrada que aguarda uma novidade de vida, o que nesta oração é súplica dirigida a Maria enquanto espera o

---

[1] DAL PIAZ, G. *La vita religiosa*, p. 338.

nascimento de Jesus, e que possamos ler em continuidade com a profecia de Ratzinger. Para que se cumpra!

Maria, primavera da Galileia, tu liberaste o perfume da esperança, em ti desabrochou a fragrância de libertação para todos os pobres e oprimidos da terra. Não tenhas medo dos dias que te esperam. Não temas!

Mulher vigilante, sentinela da noite do mundo, conserva a tua lâmpada sempre acesa também no escuro mais absoluto das incompreensões com José, nas escuridões da zombaria dos nazarenos, da rejeição dos homens de bem, da perseguição dos poderosos da vez.

Sê o arauto da paz! Sempre. Mantém acesa a luz da maravilha e da beleza ao longo do caminho difícil para Belém. Espera e vive o hoje de Deus e o Senhor virá logo!

Estás a viver as dores intensas do parto, mas elas são também para ti os albores de ressurreição para a humanidade inteira.

Não sejas ansiosa em colocar as placas de sinalização da estrada já traçada, mas continua a seguir aquela que o Espírito te fez apenas começar e da qual não vês agora sequer a sombra do final.

Abandona a roupa velha e gasta do já dito, já sabido, já feito, e veste a roupa mais bela de esplendor e de utopia do mundo outro...[2]

---

[2] GIANDOMENICO, Fr. *Lettera di Elisabetta a Maria*. Comentário à Liturgia da Palavra, Comunidade de Bose, 21 de dezembro de 2017. Na realidade, o autor desse texto, monge de Bose, o imaginou como uma carta que Isabel escreve a Maria.

Rua Dona Inácia Uchoa, 62
04110-020 – São Paulo – SP (Brasil)
Tel.: (11) 2125-3500
http://www.paulinas.com.br – editora@paulinas.com.br
Telemarketing e SAC: 0800-7010081